www.familycious.ch

# pur. vollwertig. vegan. liebevoll.

### Das Kochbuch zum beliebten Blog

Melanie M. Gerber

Sämtliche Rezepte sind für 4 Personen berechnet.

Familycious Copyright © Melanie M. Gerber 2015
Design Copyright © Melanie M. Gerber 2015
Photographs Copyright © Melanie M. Gerber 2015

© 2015 Familycious

Herstellung und Verlag:
BoD – Books on Demand, Norderstedt
ISBN 978-3-7386-4051-9

www.familycious.ch

# Inhalt

| | |
|---|---|
| ÜBER FAMILYCIOUS, ÜBER MICH | 8 |
| VORRATSSCHRANK | 16 |
| COOK ONCE - EAT TWICE | 18 |
| FRÜHLING | 23 |
|     Quinoasalat mit Karotten, Roten Beeten und Apfel | 26 |
|     Knusper-Kerne-Kokos-Knäckebrot | 28 |
|     Rohkost Pancakes mit Spinat | 30 |
|     Kernenmayonnaise | 32 |
|     Rote Beeten Salat mit Haselnuss und Kräuter | 34 |
|     Frühlingsfrischer Coucous | 36 |
|     Farbenfrohe Hirseknusperli | 38 |
|     Dinkel mit jungem Kohlrabi | 40 |
|     Goldbraune Linsen-Nuggets | 42 |
|     Kernig frisches Frühlingscurry | 44 |
|     Rhabarber-Kichererbseneintopf mit Minze | 46 |
|     Frühlingsspaghetti | 48 |
|     Spaghetti mit Spinatpesto | 50 |
|     Bärlauch-Risotto mit Pilziragout | 52 |

- Kichererbsen-Mangold-Burger — 54
- Chia-Kokos-Pudding — 56
- Fruchtiges Amaranth-Porridge — 58
- Super feuchte Apfel-Rosinen-Muffins — 60

## SOMMER — 63

- Eiskalte Mangoldsuppe — 66
- Tomaten-Champignons-Salat — 68
- Orientalischer Karottensalat — 70
- Grün knackiger Dinkelsalat — 72
- Ofen-Auberginen mit Kreuzkümmel — 74
- Knuspriges Fladenbrot — 76
- Knusprige Zucchini-Tätschli mit indischem Dip — 78
- Gemüse Tempura — 80
- Zucchini Bulgur — 82
- Fusilli mit Kichererbsen, Fenchel und Spinat — 84
- Farbenfrohe Penne mit Paprika und Sesam — 86
- Kräftiges Tomatenrisotto — 88
- Orientalischer Sommergemüse Couscous — 90
- Ofen-Ratatouille — 92
- Gefüllte Paprika mit Reis, Linsen & Zucchini — 94
- Limetten-Joghurt — 96
- Herrliche Sommer-Gemüsepfanne — 98

| | |
|---|---:|
| Gedämpfter Ofenfenchel mit Tomaten und Oliven | 100 |
| "Grünes" Limetten-Zitronengras-Curry | 102 |
| Farbiger Grünkern mit Kürbiskernöl | 104 |
| Mandel-Kokos-Creme mit frischen Beeren | 106 |
| Kirschen-Kokos-Muffins | 108 |

## HERBST 111

| | |
|---|---:|
| Kürbis-Quinoa-Suppe mit Kokosmilch | 114 |
| Karotten-Fenchel-Apfel-Suppe mit Amaranth | 116 |
| Kerniger Federkohlsalat | 118 |
| Couscous mit gebackenen Roten Beeten und Süsskartoffeln | 120 |
| Roter Quinoa mit gebratenen Birnen | 122 |
| Dreierlei-Bohnen-Reis-Auflauf | 124 |
| Spaghetti mit Ofenkürbis | 126 |
| Rustikale Pilz-Spaghetti mit Lauch und Crème fraîche | 128 |
| Orangen-Risotto mit Roten Beeten | 130 |
| Herbstragout mit Sellerie-Kokos-Püree | 132 |
| Asiatische Buchweizennudeln mit Mangold | 134 |
| Süsskartoffel-Gnocchi mit Apfelschnitzen | 136 |
| Kartoffel-Champignons-Gratin | 138 |
| Kokosmilch-Pannacotta mit Zimtbirnen | 140 |
| Apfel-Bananen-Muffins | 142 |
| Raw-Chocolate-Chip-Coconut-Muffins | 144 |

## WINTER  147

- Ayurvedische Linsen-Wintergemüsesuppe  150
- Pizza-Salat  152
- Gemüseplätzchen mit Bohnen-Sesam-Dip  154
- Bohnen-Sesam-Dip  156
- Knusprige Rote Beeten-Schnitzel  157
- Spitzkohl-Linseneintopf mit Fladenbrot und Raita  160
- Roher Federkohl mit allerlei Wurzelgemüse  162
- Das perfekte Wintercurry  164
- Ofen-Topinambur  166
- Kräuter-Couscous  168
- Cremiges Süsskartoffel-Curry mit Berglinsen  170
- Lasagne  172
- Hörnli mit G'hacktem und Apfelmus  176
- Oat-Cranberry-Chocolate-Cookie  178
- Triple-Coconut-Cookies mit Quinoa und Avocado  180

## REGISTER  183

# Über Familycious, über mich

Mein kleines Unternehmen Familycious entstand nicht über Nacht. Familycious ist vielmehr das Ergebnis meiner persönlichen Suche nach Wohlbefinden und Glück. Bevor ich meine Leidenschaft für gesunde Ernährung zum Beruf machen konnte, musste so einiges in meinem Leben passieren.

Nach Abschluss meines Masters an der Universität St. Gallen, arbeitete ich fast 10 Jahre im Management eines grossen Schweizer Unternehmens. Ich lernte viel, doch leider erfüllte mich diese Arbeit selten. Ich fühlte mich, als würde ich gegen meine Natur arbeiten. Meine Ernährung war eine Katastrophe - das Frühstück liess ich konsequent aus, mein Mittagessen stopfte ich grundsätzlich vor dem Computer in mich hinein und Abendessen gab es meist nach 21.00 Uhr. Nebenbei rauchte ich, kämpfte mit einer Essstörung und schlief viel zu wenig. Jeden Morgen im Halbschlaf hörte ich meine innere Stimme sagen: „Du musst etwas ändern!" Diese Stimme wurde immer lauter und ich begann mich mit dem Thema Ernährung und Gesundheit auseinanderzusetzen.
So wälzte ich unzählige Bücher und kochte mich durch sämtliche Diäten und Ernährungsweisen, die ich finden konnte. Jede schien überzeugend und irgendwann war ich so konfus, dass mir nur noch eines übrig blieb - auf meinen Körper zu hören.

Nach und nach spürte ich, was für mich stimmte und was eben nicht. Bis zu diesem Zeitpunkt fiel mir gar nie auf, wie voll und träge ich mich nach meinen Mahlzeiten fühlte - ich hielt dies für normal. Auch die Achterbahnfahrten, die mein Kreislauf täglich vollzog, gehörten irgendwie dazu.

Immer mehr nahm ich wahr, wie mir verarbeitete, künstliche Nahrungsmittel nicht gut tun. Ich ernährte mich mehr von naturbelassenen, biologischen Gemüsen und Früchten. Irgendwann überwand ich meine Panik vor Kohlenhydraten und merkte, was für ein wohliges Gefühl Vollkorngetreide in meinem Bauch auslösten. Ich fühlte mich ausgeglichener, wacher, klarer und einfach nur wunderbar in meiner Haut.

Neben der Veränderung meiner Essgewohnheiten veränderte ich meinen Lebensstil - ich hörte mit dem Rauchen auf und nahm meine eingerostete Yogapraxis wieder auf. Und als ich dann vor der Geburt unseres Sohnes meine Kaderstelle kündigte und zu Hause blieb, fiel innerhalb weniger Tage soviel Ballast und Stress von mir ab, dass ich gar nicht wusste, wie mir geschah. Erst durch die Distanz zu meinem ehemaligen Arbeitsumfeld wurde mir bewusst, wie unzufrieden ich war. Ich musste mich wieder neu kennenlernen - herausfinden, was ich eigentlich gerne mache, wofür mein Herz schlägt.

Ich wurde Mami und lernte wieder, was es heisst, im Moment zu leben. Nicht zu planen, zu erwarten und zu steuern. Meine neue Rolle erfüllte mich komplett und wie alle Mamis wollte ich alles nur perfekt machen. Gerade auch im Hinblick auf die Ernährung. Die Tatsache, dass unsere Nahrung die Nährstoffe für unsere körperlichen und seelischen Funktionen liefert und so Teil von uns wird, überwältigte mich, gerade im Zusammenhang mit Kindern. Kinder entwickeln sich und wachsen in jeder Sekunde ihres Lebens. Ihre Nahrung liefert dazu die Bausteine und den Treibstoff. Somit müsste es doch klar sein, dass wir unsere Kinder nur mit den qualitativ besten Substanzen nähren, die die Welt zu bieten hat. Frei von Schadstoffen, im Einklang mit der Natur und dem persönlichen Wesen des Kindes.

Vielleicht tun wir dies noch in der Schwangerschaft und ernähren uns und damit unser Ungeborenes so gut wie möglich. So auch im Säuglingsalter - "Stillen ist das Beste für Ihr Kind". Und Mütter, die nicht stillen können oder wollen werden beinahe verurteilt. Auch die Säuglingsmilch wird nach dem Vorbild der Natur hergestellt. Also alles im Sinne qualitativ bester Bausteine fürs Kind. Nach einer kurzen Breiphase kommt dann der Bruch - vorzugsweise gibt es jetzt Pommes, Schnitzel und jede Menge raffinierter Zuckerberge. Synthetische Produkte, chemisch veränderte Nahrung, oft angereichert mit Zusätzen, die abhängig machen wie Drogen.

Was ist passiert? Warum ernähren wir unsere Kinder mit Nahrung, die weder natürlich ist, noch ausreichend Nährstoffe enthält?

Übergewicht und Diabetes nehmen stetig zu und Studien über Langzeitschäden werden publik.
Was für die Ernährung unserer Kinder gilt, stimmt selbstverständlich auch für uns Grossen. "Du bist was Du isst" - wir glauben an ganzheitliche Gesundheit, an das Zusammenspiel von Körper, Geist und Seele. Wir errichten Wellnesszentren und ganze Gesundheitstempel. Wir investieren Milliarden in die Forschung und Entwicklung von Medikamenten, die unsere körperlichen und psychischen Schäden wieder reparieren sollen. Das Ursprünglichste aber - uns und unsere Kinder liebevoll und gesund zu ernähren - unterlassen viele von uns. Was wir heute essen, ist morgen Teil unseres Systems.

All diese Überlegungen entfachten meine Leidenschaft für gesunde Ernährung, respektive für gesundes Kochen.

Viele Freunde und Familienmitglieder begannen nach Tipps und Rezepten zu fragen und irgendwann kam mir die Idee mit dem Blog. Von da an postete ich zweimal wöchentlich Rezepte aus meiner Familienküche. Um mein Wissen über die Zusammenhänge zwischen unserer Ernährung, unserer Gesundheit und unserem Wohlbefinden zu vertiefen, bildete ich mich zum integrierten Health Coach am Institute for Integrative Nutrition in New York aus.
Neben der Frage nach der Wirkungsweise unserer Nahrung auf unseren Körper und unsere Seele, fokussierte sich mein Studium auf die ökologischen, ökonomischen und ethischen Auswirkungen unserer Ernährung.
Mir wurde klar, wie die Wahl unserer Nahrung deren Produktion beeinflusst. Die heutige, westliche Ernährungsweise zerstört Unmengen an Ressourcen - Boden, Luft und Wasser und führt Mensch und vor allem Tier unendliches Leid zu. Unsere täglichen Entscheidungen für oder gegen bestimmte Nahrungsmittel haben eine enorme Macht. Für meinen Teil dieser Macht wollte ich Verantwortung übernehmen und entschied mich für eine pflanzliche und regionale Ernährungsweise. Die Umstellung fiel mir - bis auf meinen geliebten Käse - sehr leicht (das muss als Schweizerin wohl so sein). Und so genoss ich hin und wieder ein Stück biologischen Käse. Heute habe ich kein Bedürfnis mehr danach, bin aber unkompliziert, wenn beispielsweise auf einer Pizza etwas Mozzarella ist.
Ich glaube nicht an die dogmatische Kraft, sondern an nachhaltige Veränderung. Sobald Ernährung mit dem Gefühl von unangenehmem Verzicht verbunden wird, kommt Widerstand und Frust auf. Lieber tierische Produkte nur einschränken, als keine Reduktion aus Angst vor Verzicht. Dann lieber nur zu 60% vegan essen, das aber aus Liebe und Überzeugung. Ich glaube, der Übergang zu pflanzlicher Ernährung ist ein Prozess, der durch mehr Bewusstsein und Achtsamkeit in der eigenen Ernährung angestossen wird und mit einer sukzessiven (oder sofortigen) Reduktion tierischer Lebensmittel einhergeht und oft in einer

komplett veganen Lebensweise resultiert. Dann aber aus Überzeugung, nicht aus Verzicht.

Weniger spektakulär ist die Umstellung auf regionale Produkte. Eine regionale Ernährung ist immer eine saisonale Ernährung, denn in der eigenen Region herrscht immer nur eine Saison. Mit Region ist dabei das Gebiet gemeint, in dem wir uns im Alltag bewegen. Schlussendlich geht es um die Reduktion der Wege zwischen Erzeugung und Verbrauch. Dies wiederum garantiert die Ernte zum optimalen Reifezeitpunkt, einen geringen Qualitätsverlust, die Erhaltung der Nährstoffe, frischere und geschmackvollere Ware, längere Haltbarkeit beim Käufer, tiefere Preise, eine Stärkung der Region, eine Minderbelastung der Umwelt und die Förderung einer Wertschätzungskultur.
Interessant im Zusammenhang mit regionaler Ernährung ist die thermische Wirkung der Nahrungsmittel auf den Körper, wie sie im Ayurveda oder in der traditionell chinesischen Medizin (TCM) gelehrt wird. So können z.B. Hitzewallungen oder Kälteempfindlichkeit mit einer gezielten Nahrungsauswahl ausgeglichen werden. So wärmt uns beispielsweise ein Eintopf mit Lauch und Ingwer im Winter und kühlende Lebensmittel wie Joghurt und Zitrusfrüchten bekommen uns nicht so gut. Durch die Verwendung von Nahrungsmitteln der Region, der jeweiligen Saison angepasst, sichert man die Deckung der Grundbedürfnisse des Körpers zur jeder Jahreszeit. Die bei uns wachsenden Gemüsearten und Früchte sind auf unser Klima abgestimmt. So liefern die im Sommer geernteten Früchte und saftigen Gemüsesorten die in der wärmeren Jahreszeit benötigte Flüssigkeit und Erfrischung, während der Körper während der kalten Jahreszeit optimal mit lang gekochten Gerichten aus Lagergemüse (Wurzel- und Kohlgemüse) und Kompott aus lagerfähigem Obst (Äpfel, Birnen) versorgt ist.

Nach Absolvierung meiner Ausbildung gründete ich meine eigene Health Coach Praxis Familycious. Familycious war also zu Beginn ein Ort, an dem ich Menschen begleitete, ihre Ernährung und so sich selbst zu verändern. Hinter dem Namen Familycious steht die Familie und der Genuss. Der Begriff Familie ist dabei sowohl im eigentlichen Sinne sowie im Sinne der Gemeinschaft aller Lebewesen zu verstehen.

Ich hatte also meine Berufung gefunden - mich für eine möglichst naturbelassene, vollwertige und pflanzliche Kost einzusetzen. Aber ein Aspekt fehlte mir noch - die Liebe zur Nahrung.

Zuhause sprechen wir vor dem Essen ein kurzes Tischgebet. In dieser knappen Minute kommen wir alle zur Ruhe und sind ganz im Moment. Unser Bewusstsein ist beim Essen. Wir sind dankbar für das mit viel Liebe zubereitete Mahl. Ich bin überzeugt, dass diese schöne Energie auf unser Essen übergeht und wir diese anschliessend in uns aufnehmen. Einer verarbeiteten Fertigpizza aus dem Supermarkt, die lieblos in die Mikrowelle geworfen und anschliessend hastig heruntergeschlungen wird, fehlt diese Energie gänzlich. Ich liebe diese Zusammenhänge. Sie führen uns zu einer dankbaren und demütigen Haltung gegenüber unserer Nahrung. Nahrung ist keine Selbstverständlichkeit. Sie ist Basis und Voraussetzung unseres Daseins. Sie trägt alle Informationen ihrer Produktion und Verarbeitung und gibt diese an unseren Körper weiter.
Versuchen wir doch bei der Zubereitung unserer nächsten Mahlzeit inne zu halten und die Lebensmittel bewusst, mit liebevollen Gedanken zu einem Gericht zusammenzufügen. Versuchen wir eine Mahlzeit gemeinsam mit lieben Menschen einzunehmen und nichts anderes zu tun als zu essen. Vielleicht bedanken wir uns sogar für das feine Gericht auf unserem Teller. Spürt Ihr wie die Energie sich hebt – einfach wunderbar!

All diese Überlegungen führten mich zu den Grundsätzen von Familycious - meinem Unternehmen für eine Ernährung im Einklang mit uns und unserer Umwelt:

### PUR
Biologisch, ohne künstliche Aromen, Farbstoffe, Süßstoffe, Konservierungsmittel, GMOs und ohne raffinierten Zucker.

### VOLLWERTIG
Getreide und Mehl aus dem ganzen Korn sowie Superfoods für eine ausgezeichnete Nährstoffzufuhr.

### VEGAN
Rein pflanzlich, zum Wohle unserer Gesundheit und zum Schutz der Tiere.

### LIEBEVOLL
Im Einklang mit der eigenen Persönlichkeit. In Sorge zu Tier und Umwelt (regional und fair). Liebevolle Zubereitung für positive Energie auf feinstofflicher Ebene.

# Vorratsschrank

Der Umstieg auf eine pflanzliche und vollwertige Ernährung lässt sich durch den Aufbau eines abwechslungsreichen Vorratsschranks vereinfachen. Die folgende Check- respektive Einkaufsliste enthält alle Produkte, mit denen - bis auf die frischen Zutaten - praktisch alle Rezepte dieses Buches gekocht werden können.

- Amaranth
- Bulgur
- Bratbares Olivenöl
- Cashewmus
- Cashewnüsse
- Dinkelkerne
- Dinkelvollkornmehl
- Natives Olivenöl
- Garam Masala
- Haselnüsse
- Hirse
- Quinoa
- Kichererbsen
- Kidney Bohnen
- Kokosöl
- Kokosmilch
- Kürbiskerne
- Kurkuma, gemahlen
- Kreuzkümmel, gemahlen/ganz
- Leinsamen
- Linsen
- Mandelmus
- Salz
- Mildes Currypulver
- Oliven
- Pinienkerne
- Reinweinstein Backpulver
- Rosinen
- Sesamsamen
- Soja/Haferrahm
- Sojamehl
- Sonnenblumenkerne
- Tomatenpassata
- Tomatenpürée
- Vollreis
- Vollkorncouscous
- Vollkornpasta
- Weizenvollkornmehl

# Cook once - eat twice

Viele Ein- und Umsteiger auf die pflanzliche Vollwertkost, empfinden die neuen Rezepte und Zubereitungsmethoden als aufwendig und zeitintensiv. Zudem haben viele Vollkorn Getreide und Hülsenfrüchte eine lange Kochdauer und sollten möglichst über Nacht eingeweicht werden. Nicht jeder verbringt seine Freizeit mit Leidenschaft am Herd und viele haben schlicht keine Zeit. Deshalb - einmal kochen und gleich ein paar mal geniessen:

## Beispiel 1: Die Süsskartoffel

<u>Vorbereitung</u>:
2 Kilo Süsskartoffeln in einem grossen Topf ungeschält knapp gar kochen (ca. 20. Minuten).

<u>Gericht 1: Couscous mit gebackenen Roten Beeten und Süsskartoffeln (S. 120)</u>
Werden für das Couscous vorgegarte Rote Beeten verwendet, genügen 20 Minuten Zubereitungszeit. Falls etwas mehr Zeit zur Verfügung steht, werden die gewürfelten Süsskartoffeln 15 Minuten wie beschrieben in den Ofen gestellt.

<u>Gericht 2: Cremiges Süsskartoffel-Curry mit Berglinsen (S. 170)</u>
Werden vorgegarte Linsen verwendet, ist das Gericht in 20 Minuten auf dem Tisch. Anstatt der 30 Minuten Kochzeit, Curry nur aufkochen und 10 Minuten köcheln lassen, damit sich die Gewürze entfalten können.

<u>Gericht 3: Süsskartoffel-Gnocchi mit gebratenen Apfelschnitzen (S. 136)</u>
Normalerweise sind selbstgemachte Gnocchi eine eher aufwändige Angelegenheit. Vor allem dann, wenn wir schön geformte Wunderwerke erwarten. Haben wir aber die Kartoffeln schon gegart und sind mit kleinen, unregelmässigen Häppchen zufrieden, braucht die Herstellung gar nicht viel Zeit.

## Beispiel 2: Runder Vollreis

<u>Vorbereitung</u>:
1 Kilo runder Vollreis in einer Schüssel gut mit Wasser bedecken und über Nacht stehen lassen.
Den Reis gut abspülen und mit 2 Liter Wasser ca. 30 Minuten gar kochen.

<u>Gericht 1: Kräftiges Tomatenrisotto (S. 88)</u>
Den Reis gekocht zu den angedünsteten Zwiebeln geben, Wasser weglassen und alle anderen Zutaten dazugeben. Langsam alles erhitzen und auf kleinstem Feuer ca. 10 Minuten ziehen lassen. Nach Bedarf mehr Wasser dazugeben.

<u>Gericht 2: Dreierlei-Bohnen-Reis-Auflauf (S. 124)</u>
Werden die Bohnen mit Bohnen aus dem Glas ersetzt, ist das Gericht in 15 Minuten im Ofen.

<u>Gericht 3: Wärmendes Frühstück</u>
Zur Abwechslung gibt es Reis als warmes Frühstück oder als süsses z'Nacht. Ein paar frisch Früchte und etwas Dörrobst in Würfel schneiden und in Kokosöl andünsten. Nüsse, Samen, Mandelmus, Mandelmilch und Reis untermischen.

# Frühling

# Inhalt - Frühling

| | |
|---|---|
| Quinoasalat mit Karotten, Roten Beeten und Apfel | 26 |
| Knusper-Kerne-Kokos-Knäckebrot | 28 |
| Rohkost Pancakes mit Spinat | 30 |
| Kernenmayonnaise | 32 |
| Rote Beeten Salat mit Haselnuss und Kräuter | 34 |
| Frühlingsfrischer Coucous | 36 |
| Farbenfrohe Hirseknusperli | 38 |
| Dinkel mit jungem Kohlrabi | 40 |
| Goldbraune Linsen-Nuggets | 42 |
| Kernig frisches Frühlingscurry | 44 |
| Rhabarber-Kichererbseneintopf mit Minze | 46 |
| Frühlingsspaghetti | 48 |
| Spaghetti mit Spinatpesto | 50 |
| Bärlauch-Risotto mit Pilziragout | 52 |
| Kichererbsen-Mangold-Burger | 54 |
| Chia-Kokos-Pudding | 56 |
| Fruchtiges Amaranth-Porridge | 58 |
| Super feuchte Apfel-Rosinen-Muffins | 60 |

# Quinoasalat mit Karotten, Roten Beeten und Apfel

Dieser frühlingsfrische Salat verbindet erdige Rote Beete und Karotten mit der Süsse des Apfels. Wunderbar als leichte Hauptspeise oder als kreative Beilage.

200 g Quinoa
2 Karotten
1-2 Rote Beeten
1 süsser Apfel
1 TL Salz
1 EL mildes Currypulver
4 EL natives Olivenöl
2 EL Rosinen
Frisch gemahlener Pfeffer

**Quinoa** in einem Sieb gut spülen und in der doppelten Menge Wasser gar kochen. Unterdessen **Karotten** und **Rote Beeten** schälen und in der Küchenmaschine oder mit der Käsereibe fein zerkleinern. **Apfel** waschen und ebenfalls fein zerkleinern. Karotten, Rote Beete, Apfel, Gewürze, **Öl** und **Rosinen** mit dem Quinoa vermischen und ca. 10 Minuten ziehen lassen. Mit frisch gemahlenen Pfeffer abschmecken.

Dazu passt frisch gebackenes Fladenbrot (S. 76)

# Knusper-Kerne-Kokos-Knäckebrot

DIESES KNÄCKEBROT IST SCHNELL GEMACHT, SCHMECKT SUPER LECKER UND KANN AUF UNZÄHLIGE, PHANTASIEVOLLE WEISE ABGEÄNDERT WERDEN. UND DAS BESTE - EIN SNACK, BEI DEM WIR GENAU WISSEN, WAS DRIN IST UND WAS NICHT.

2 dl Dinkelvollkornmehl
0.5 dl Leinsamen
0.5 dl Sesam
0.5 dl Sonnenblumenkerne
0.5 dl Kürbiskerne
0.5 dl Quinoa
0.25 dl Mohnsamen
0.25 dl Kokossplitter
0.5 dl natives Olivenöl
2.5 - 3 dl heisses Wasser
1 TL Salz

Backofen auf 150 Grad Umluft vorheizen.

Alle Zutaten vermischen. Backblech mit Backreinpapier auslegen und Teig darauf möglichst gleichmässig ausstreichen. 20 Minuten backen, rausnehmen und mit dem Pizzaschneider oder einem scharfen Messer in Stücke schneiden. Nochmals ca. 30 Minuten knusprig backen.

# Rohkost Pancakes mit Spinat

Dieses Rezept lässt sich mit allen erdenklichen Gemüse- oder Obstsorten zubereiten. Diese Nährstoffbömbchen schmecken als leckere Malzeit mit einem Salat oder als Snack für unterwegs.

250 g frischer Spinat
100 g Basilikumtofu
2 EL Leinsamen
4 EL Wasser
150 g Weizenvollkornmehl
50 g Sojamehl
1 TL Salz
1 TL Kreuzkümmel, gemahlen
1 EL Backpulver
4 EL natives Olivenöl
150 ml Sojamilch
Bratbares Olivenöl

Den **Spinat** waschen, rüsten und zusammen mit dem **Tofu,** den **Leinsamen** und dem **Wasser** im Mixer fein pürieren. Mindestens 10 Minuten quellen lassen.
**Mehle, Salz, Kreuzkümmel, Backpulver, Olivenöl und Sojamilch** dazugeben. Alles zu einem Teig verarbeiten und nochmals 10 Minuten ruhen lassen.
Olivenöl in einer Bratpfanne erhitzen und aus je 1 EL Teig feine Pancakes backen.

Dazu passt ein grüner Salat respektive im Sommer ein Tomaten-Champignons Salat (S. 68).

# Kernenmayonnaise

FRÜHLING OHNE SPARGELGERICHTE GEHT NICHT. AM LIEBSTEN PUR ODER BEGLEITET VON FRISCHEN SAUCEN.
DIESE LECKEREN MAYO SCHMECKT AUCH ZU JEGLICHEN BRATLINGEN UND GEMÜSEGERICHTEN.

50 ml Reismilch
1 Bio-Zitrone
1 EL Sonnenblumenkerne
1 dl Rapsöl
1 Knoblauchzehe
3 Zweige Basilikum
Salz
Frisch gemahlener Pfeffer

**Reismilch** in ein hohes Gefäss geben. **Zitrone** heiss abwaschen, halbieren und 2 EL Zitronensaft dazugeben. Das Gemisch ca. 10 Minuten stehen lassen. **Sonnenblumenkerne** dazugeben und alles mit dem Pürierstab fein pürieren. Dann Öl in einem feinen Strahl dazugiessen und ständig weiter pürieren bis eine cremige Sauce entstanden ist. Etwas Zitronenschale dazureiben. Den **Knoblauch** schälen, entkeimen und fein gehackt zur Sauce geben. **Basilikum** waschen, Blätter abzupfen und fein gehackt zur Mayo geben. Gut mischen und mit **Salz** und **Pfeffer** abschmecken.

# Rote Beeten Salat mit Haselnuss und Kräuter

LANGSAM ABER SICHER FREUEN WIR UNS AUF DAS NEUE GEMÜSE. BIS DAHIN ERLEICHTERN UNS ERDIG-SÜSSE ROTE BEETE DAS WARTEN. DIESER SALAT IST EINE LEICHTE MALZEIT ODER EINE GELUNGENE BEILAGE ZU EINEM GETREIDEGERICHT WIE EINEM FRÜHLINGSFRISCHEN COUSCOUS (S. 36).

4-6 Rote Beete
12 Zweige Thymian
12 Zweige Rosmarin
8 EL bratbares Olivenöl
2 TL Salz
4 EL Nüsslisalat
3 EL Haselnüsse
8 EL natives Olivenöl
3-4 EL Aceto Balsamico
Salz
Frisch gemahlener Pfeffer

Backofen auf 180 Grad Umluft vorheizen.
**Rote Beeten** waschen und in eine Gratinform stellen. **Thymian- und Rosmarinzweige** waschen und ganz über die roten Beete verteilen. **Olivenöl** und **Salz** darüber verteilen. Das Gemüse 1 Stunde im Ofen backen.
Unterdessen **Nüsslisalat** waschen und rüsten. **Haselnüsse** in einer Pfanne ohne Fett rösten. Olivenöl, **Aceto Balsamico**, Salz und **Pfeffer** in einer kleinen Schüssel mischen.
Die gebackenen roten Beete etwas auskühlen lassen, schälen und vierteln. Nüsslisalat auf Tellern anrichten und die roten Beete darauf anrichten. Gebackene Gewürze fein hacken und zusammen mit dem Olivenöl aus der Gratinform zum Salat geben. Nüsse und Dressing ebenfalls verteilen.

# Frühlingsfrischer Coucous

ZUGEGEBEN AVOCADOS SIND NICHT REGIONAL. AB UND ZU GENOSSEN, LIEFERN SIE UNS WUNDERBARE FETTSÄUREN, VIELE WICHTIGE NÄHRSTOFFE UND EIN TOLLES GESCHMACKSERLEBNIS.

2 Avocados
1 Bio-Zitrone
15 schwarze Oliven, entkernt
2.5 dl Wasser
250 g Vollkorn Couscous
1-2 Frühlingszwiebeln
2 EL bratbares Olivenöl
1-2 EL Kürbiskerne
1-2 EL Sonnenblumenkerne
8 EL natives Olivenöl
Salz
Frisch gemahlener Pfeffer
8-10 Pfefferminzblätter
1-2 EL Rosinen

**Avocados** schälen, in kleine Würfel schneiden und in eine Schüssel geben. **Zitrone** heiss abwaschen, die Hälfte der Schale zu den Avocados reiben. Zitrone halbieren und Saft beider Hälften über die Avocados träufeln. Gut mischen. **Oliven** in feine Scheiben schneiden und zu den Avocados geben.
**Wasser** aufkochen, vom Herd nehmen und **Couscous** langsam ins Wasser streuen, umrühren und zugedeckt 5 Minuten stehen lassen. Unterdessen **Frühlingszwiebeln** waschen und fein hacken. **Olivenöl** in einer Bratpfanne erhitzen. Frühlingszwiebeln darin goldbraun anbraten. **Kerne** dazugeben und mitbraten bis sie Farbe annehmen. Zwiebel-Kerne-Mischung mit Olivenöl zum Avocado geben. Couscous ebenfalls dazugeben. Alles gut mischen und mit **Salz** und **Pfeffer** abschmecken. **Pfefferminzblättchen**, waschen in feine Streifen schneiden und mit den **Rosinen** unter den Couscous heben. Alles mischen und mindestens 5 Minuten ziehen lassen.
Falls der Coucous zu trocken ist, etwas Olivenöl beigeben.

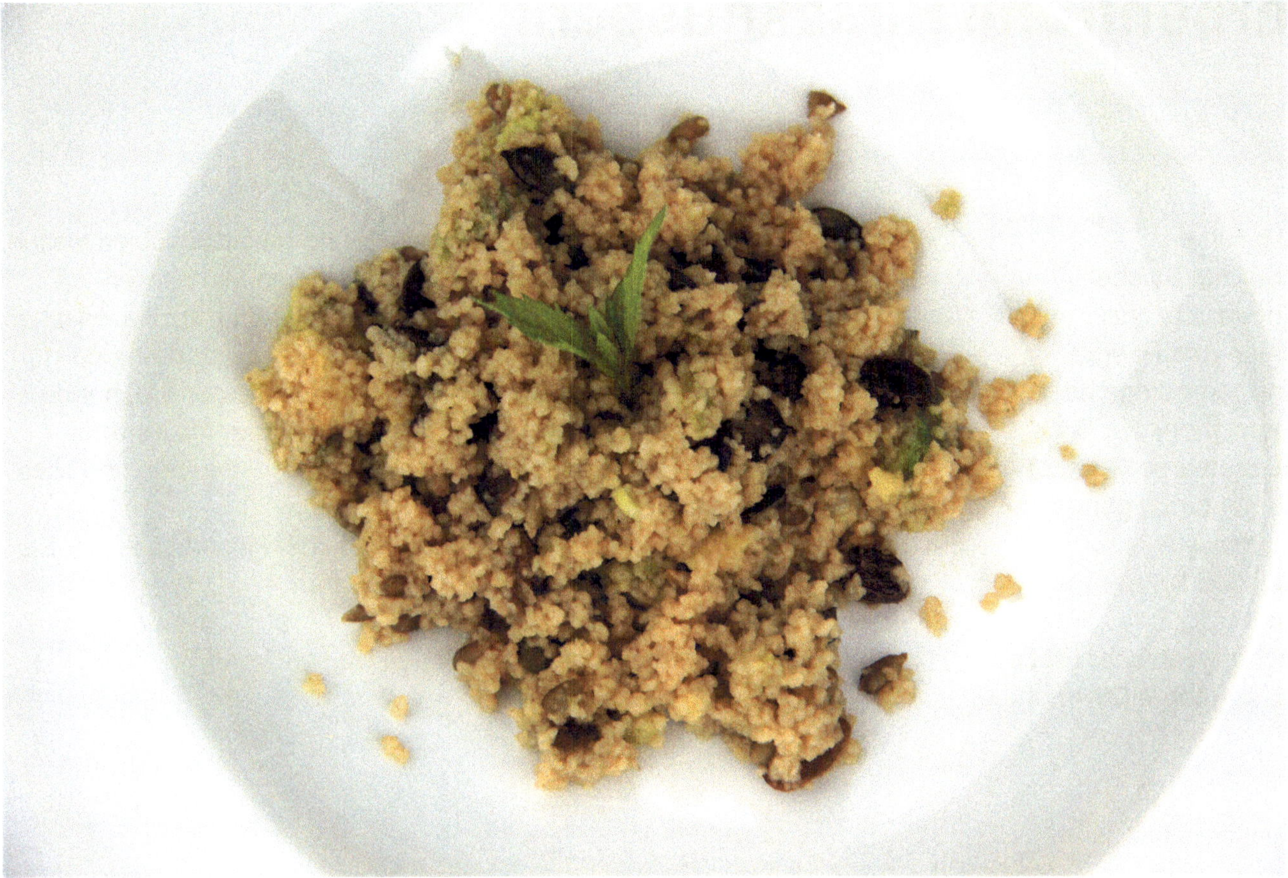

# Farbenfrohe Hirseknusperli

ES WIRD WÄRMER UND DIE ZEIT DER FEINEN PICKNICKS BEGINNT. DIESE FARBIGEN KNUSPERLI EIGNEN SICH WUNDERBAR FÜR EIN GESUNDES MITTAGESSEN UNTER FREIEM HIMMEL.

150 g Hirse
1 Frühlingszwiebel
1 Knoblauchzehe
1 kleine rote Paprika
4 Kräuterseitlinge oder Champignons
2 EL bratbares Olivenöl
1 TL Kurkuma, gemahlen
2 EL Maisstärke
2 EL Hafersahne
Salz
Frisch gemahlener Pfeffer
4 EL bratbares Olivenöl

Die **Hirse** gemäß Anleitung gar kochen und etwas abkühlen lassen. Unterdessen **Frühlingszwiebeln** waschen und fein hacken. **Knoblauch** schälen, entkeimen und fein hacken. **Paprika** waschen, entkernen und in kleine Würfel schneiden. **Pilze** waschen und ebenfalls klein würfeln. Gemüse im **Olivenöl** in einer Bratpfanne goldbraun braten und zur Hirse geben. **Kurkuma**, **Maisstärke**, **Hafersahne**, **Salz** und **Pfeffer** ebenfalls zur Hirse geben und alles gut vermischen.
In einer Bratpfanne Olivenöl erhitzen. Aus der Hirsemasse je 1 EL große Plätzchen beidseitig goldbraun braten.

Dazu passt ein Kopfsalat mit frischen Radieschen.

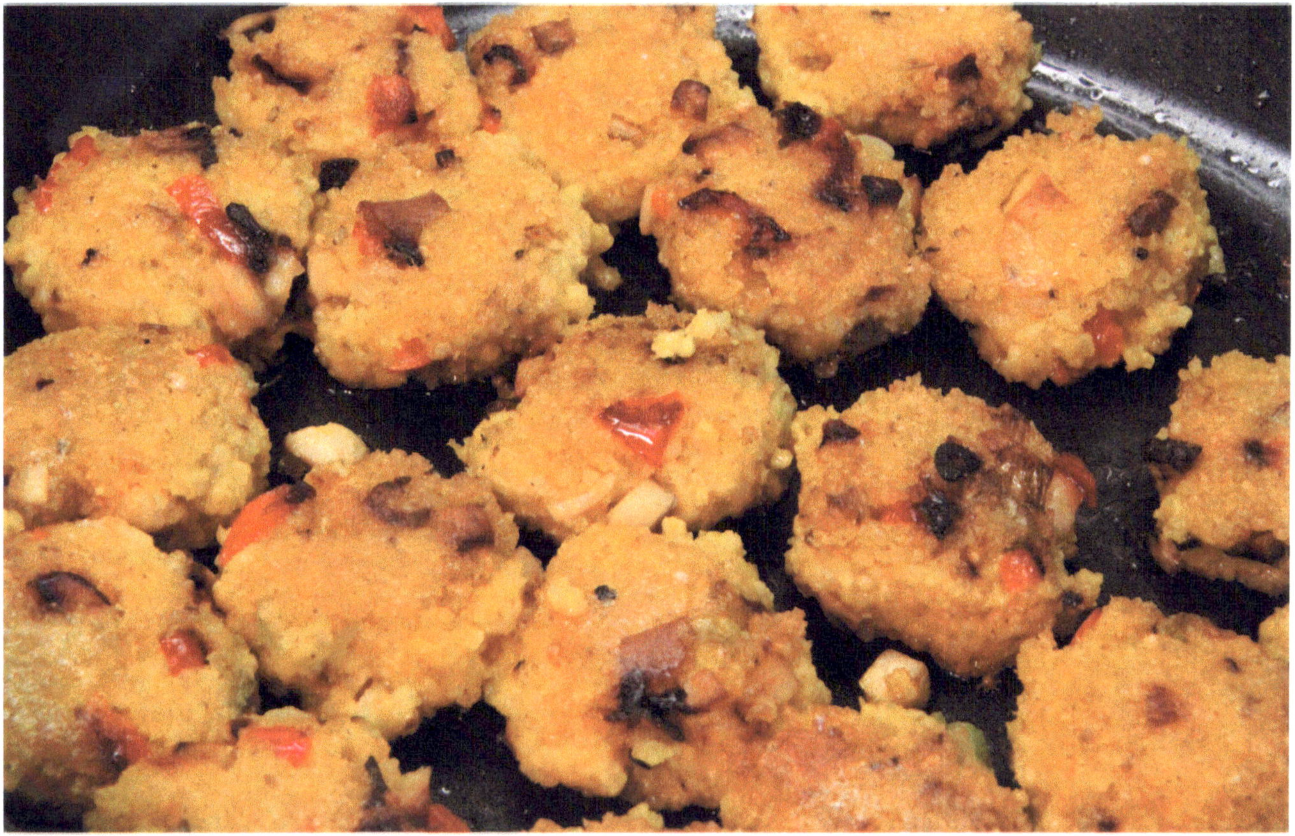

# Dinkel mit jungem Kohlrabi

Dinkel bleibt auch nach längerem Kochen schön bissfest. Kombiniert mit rohem Gemüse entsteht ein wunderbar knackiges, super gesundes und enorm leckeres Haupt- oder Beilagengericht.

300 g Dinkel
1 Kohlrabi
200 g Tofu mit Tomaten
4 EL Olivenöl
1 Bio-Zitrone
1 frische Knoblauchzehe
0.5 Bund Schnittlauch
Salz
Frisch gemahlener Pfeffer

**Dinkel** gemäss Anleitung gar kochen und in eine Schüssel geben. **Kohlrabi** schälen, in sehr kleine Würfel schneiden und zum Dinkel geben. **Tofu** in Würfel schneiden und dazugeben. **Olivenöl** dazugeben. **Zitrone** abwaschen, Schale dazureiben und den Saft dazupressen. **Knoblauch** schälen, entkeimen und zum Dinkel pressen. **Schnittlauch** waschen, fein schneiden und dazugeben. Mit **Salz** und **Pfeffer** abschmecken und alles gut mischen.

Dazu passt ein grüner Salat mit junger Rauke.

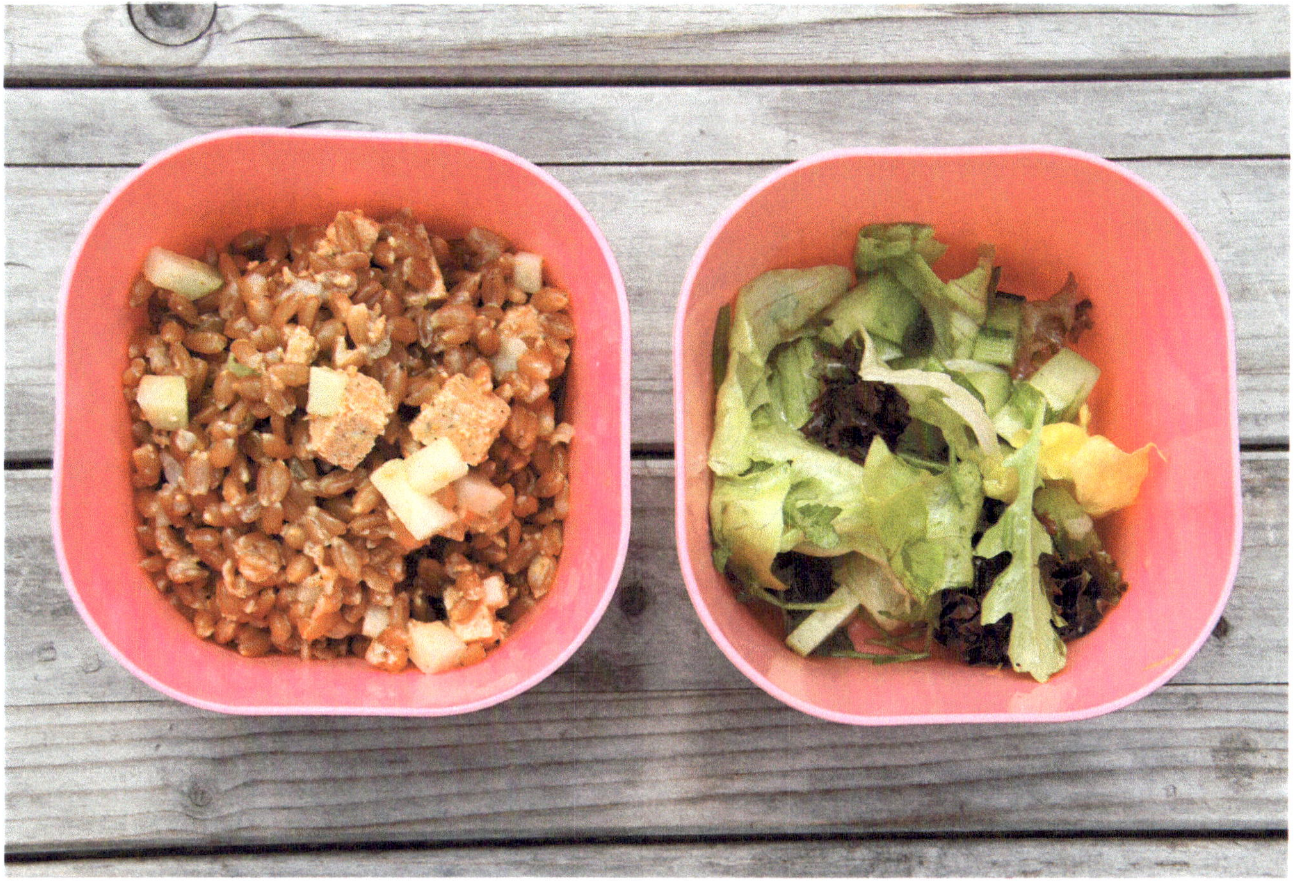

# Goldbraune Linsen-Nuggets

Diese goldbraunen Nuggets schmecken das ganze Jahr über. Egal zu welcher Jahreszeit - die getrockneten Tomaten und Oliven wecken Sommer-Gefühle.

100 g Belugalinsen
50 g Mungbohnen
Lorbeerblatt
500 ml Wasser
150 Dinkelvollkorngriess
3 Zweige Basilikum
1 frische Knoblauchzehe
8 getrocknete Tomaten in Öl
200 g fester Tofu
8 Kalamataoliven
1 TL Salz
Frisch gemahlener Pfeffer

Bratbares Olivenöl

Die Hülsenfrüchte über Nacht einweichen, gut abspülen und 40 Minuten bei mittlerer Hitze mit dem **Lorbeerblatt** gar kochen. Abkühlen lassen.
Wasser aufkochen und **Griess** unter Rühren einrieseln und 10 Minuten bei kleinem Feuer quellen lassen.
Unterdessen eine Gratinform mit Frischhaltefolie auskleiden. **Basilikum** waschen und Blätter abzupfen. **Knoblauch** schälen und entkeimen. **Oliven** ggf. entkernen. Basilikum, leicht abgetropfte **getrocknete Tomaten, Tofu,** Knoblauch und **Oliven** in der Küchenmaschine fein pürieren. **Linsen** abschütten. Linsen, Griess und Tofucreme in einer Schüssel mischen und mit Salz und Pfeffer abschmecken. Die Masse in die Gratinform füllen und für mindestens 30 Minuten kühl stellen. Linsenmasse in Stücke schneiden und in etwas Olivenöl goldbraun braten.

Dazu passt eine leichte Tomatensauce mit Basilikum und etwas Chili sowie ein grüner Salat.

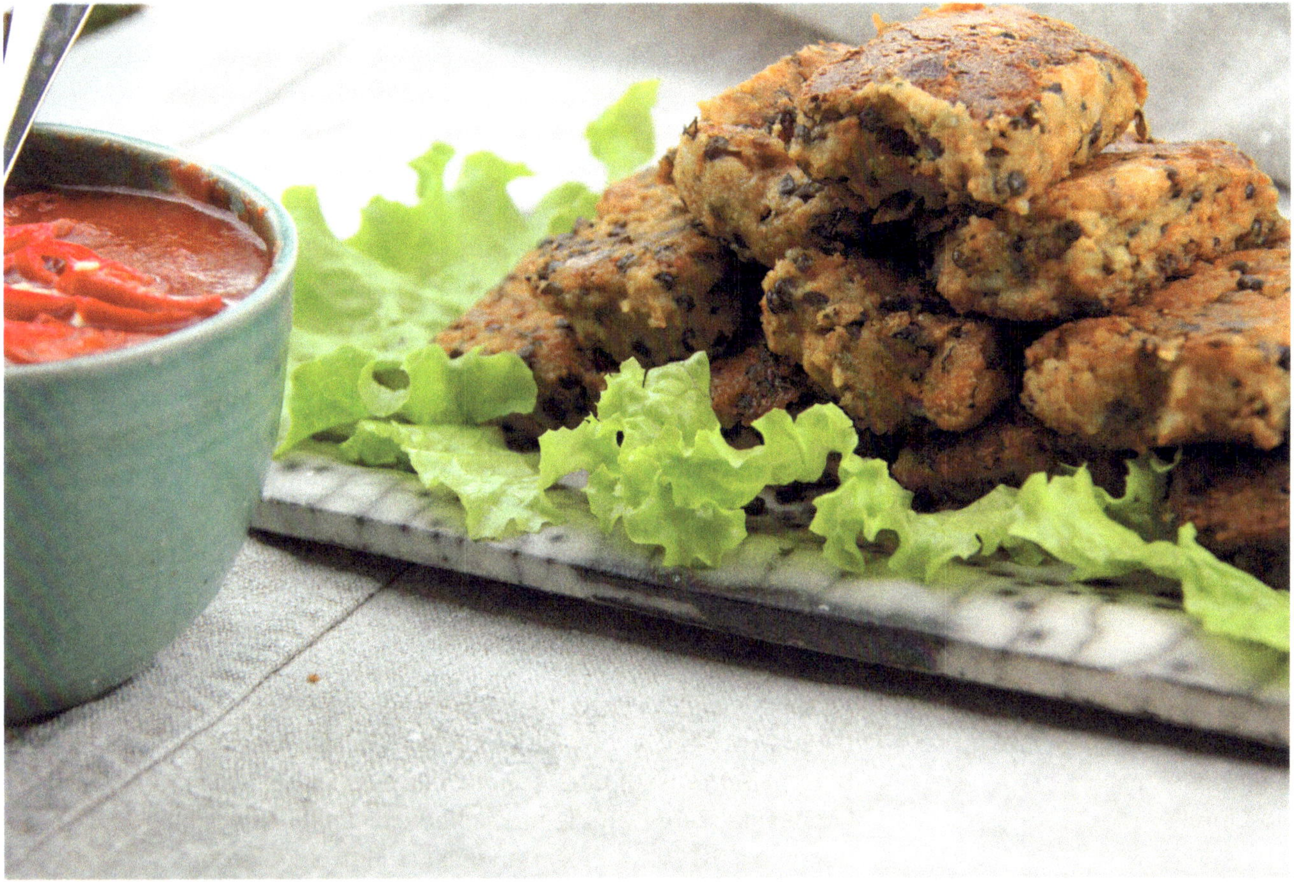

# Kernig frisches Frühlingscurry

DIE ERSTEN NEUEN KARTOFFELN UND WÜRZIGEN FRÜHLINGSZWIEBELN SIND DA. UNS STEHT DER SINN NACH KNACKIGER FRISCHE, WÄRMENDER SONNE UND EINEM BAUCH, DER VOR GLÜCK KRIBBELT.

600 g neue Kartoffeln
300 g Zuckerschoten
1 grüne Paprika
1 Bund Frühlingszwiebeln
100 g Cashewkerne
2 Knoblauchzehen
40 g Ingwer, gewaschen
1 TL Salz
1 EL mildes Currypulver
2 EL Wasser
2 EL Kokosöl
1 EL Senfsamen
1 TL Kreuzkümmel, gemahlen
250 ml Wasser
400 ml Kokosmilch
1 Bio-Limette

**Kartoffeln** waschen, in Wasser bissfest garen, abgießen und vierteln. **Zuckerschoten** waschen, rüsten und in etwas Wasser oder im Steamer ebenfalls bissfest garen, abgießen und kalt abschrecken. **Paprika** waschen, schälen, entkernen und vierteln. Jeder Viertel in dünne Streifen schneiden. **Frühlingszwiebeln** waschen und in ca. 0.5 cm dicke Ringe schneiden.
Unterdessen **Cashewkerne** kurz ohne Fett in einer Bratpfanne rösten bis sie leicht Farbe annehmen. **Knoblauch** schälen und entkeimen. 3/4 der Cashewkerne mit **Ingwer**, Knoblauch, **Salz**, **Currypulver** und **Wasser** im Cutter zu einer Paste pürieren.
In einer Wok-Pfanne das **Kokosöl** erhitzen. **Senfsamen** darin rösten bis sie zu springen beginnen. **Kreuzkümmel** dazugeben und kurz mitrösten. Dann Paste dazugeben. Alles bei mittlerer Hitze ca. 3 Minuten anbraten. Zwiebeln dazugeben und für 5 Minuten weiter braten. Mit Wasser und **Kokosmilch** ablöschen und ca. 10 Minuten köcheln lassen. Kartoffeln, Zuckerschoten und Paprika beifügen und nochmals 10 Minuten ziehen lassen. Saft der **Limette** dazupressen und restliche Cashewkerne unterrühren.

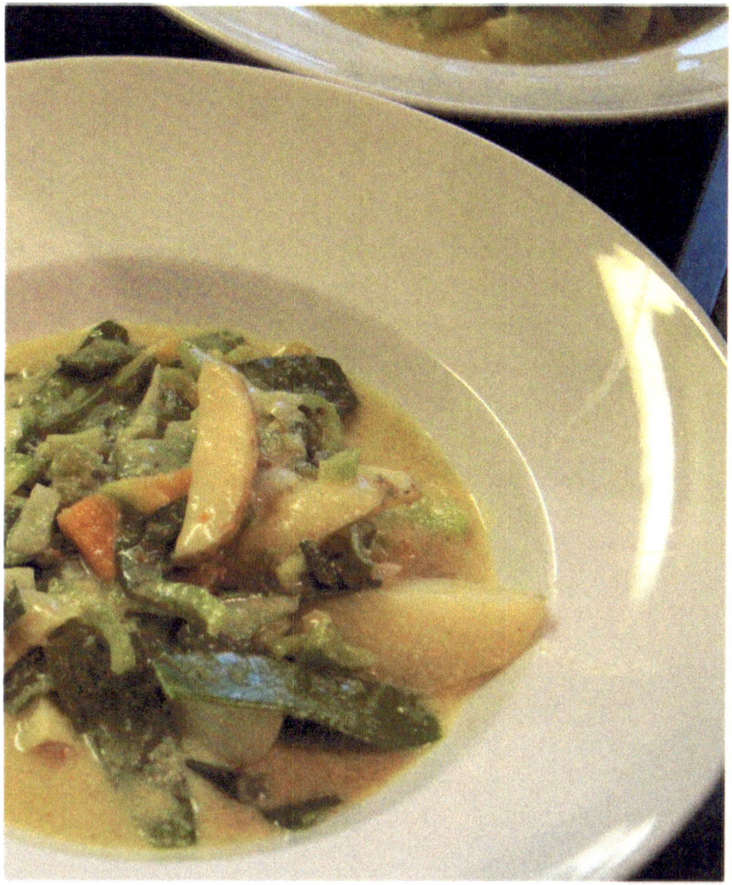

# Rhabarber-Kichererbseneintopf mit Minze

HERRLICHE MINZE, SÄUERLICHE RHABARBER UND GANZ VIEL KNACKIG GRÜNES - FRISCH, GESUND UND LECKER!

1 Frühlingszwiebel
1 Knoblauchzehe
2 EL Kokosöl
50 g Zuckerschoten
400 g grüne Bohnen
1 Stange Rhabarber
100 g Champignons
240 g Kichererbsen (Glas)
100 g frischer Spinat
2 Tomaten
1 EL Kurkuma, gemahlen
1 EL Kreuzkümmel, gemahlen
2-3 Zweige Pfefferminze
2 dl Wasser
400 ml Kokosmilch
25 g Kokosmus
Salz
Frisch gemahlener Pfeffer

**Zwiebel** waschen und fein hacken. **Knoblauch** schälen, entkeimen und ebenfalls fein hacken. **Kokosöl** in einer Wok-Pfanne erhitzen. Zwiebeln und Knoblauch darin andünsten. Unterdessen **Zuckerschoten**, **Bohnen** und **Rhabarber** waschen, rüsten und in mundgerechte Stücke schneiden. Alles in die Wok-Pfanne geben und mitdünsten. **Champignons** waschen, vierteln und dazugeben. **Kichererbsen** und **Spinat** abspülen und mitdünsten. **Tomaten** kurz in kochendes Wasser geben, abschrecken, schälen, entkernen, klein hacken und dazugeben. **Kurkuma** und **Kreuzkümmel** dazugeben. **Pfefferminze** waschen, Blätter abziehen und fein hacken. In die Wok-Pfanne geben. Mit **Wasser** und **Kokosmilch** ablöschen. **Kokosmus** dazugeben und das Ganze ca. 20 Minuten köcheln lassen. Mit **Salz** und **Pfeffer** abschmecken.

Dazu passt Vollkorn-Jasminreis.

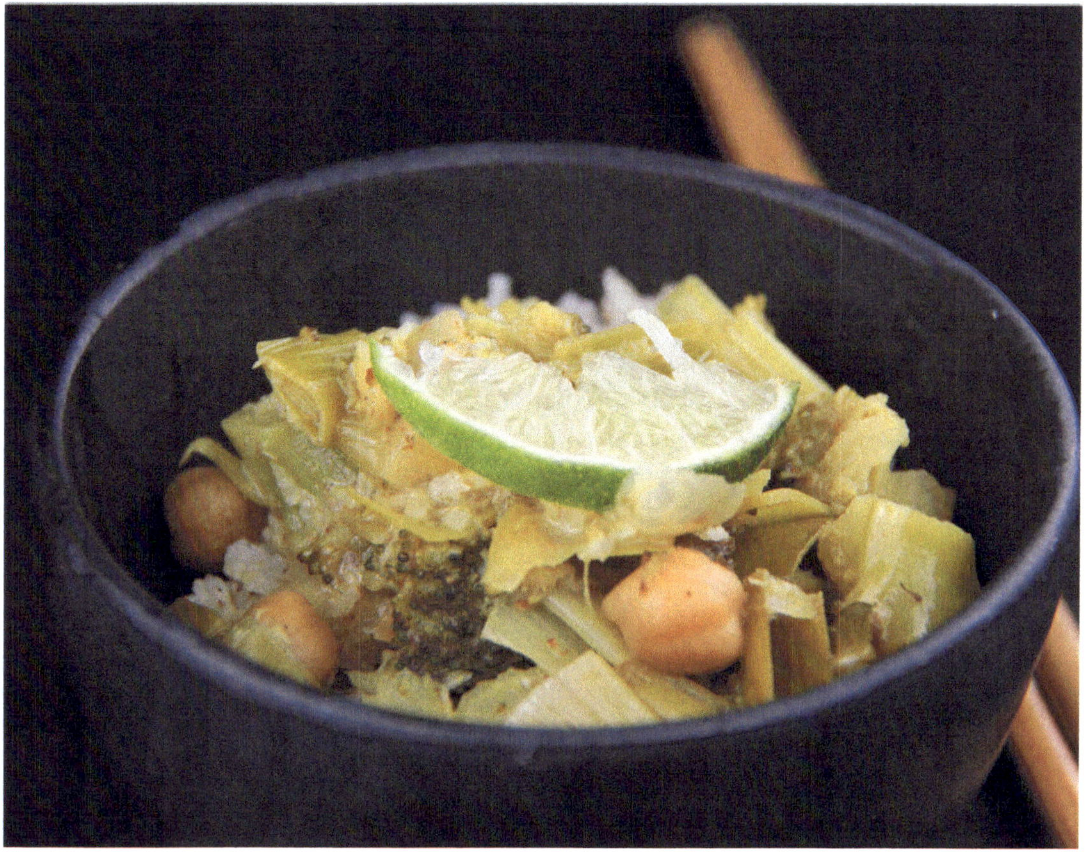

# Frühlingsspaghetti

DIESE SPAGHETTI SIND RUCK ZUCK GEMACHT UND SCHMECKEN EINFACH HERRLICH! UND EBENSO SCHNELL WERDEN SIE ZU SOMMER-, HERBST- ODER WINTERSPAGHETTTI: IM SOMMER EIN PAAR COCKTAILTOMATEN MIT GAREN, IM HERBST UND WINTER LAGERZWIEBELN UND LAUCH VERWENDEN.

3 frische Knoblauchzehen
3 Frühlingszwiebeln
2-3 Lauchzwiebeln
6 EL bratbares Olivenöl
6 Zweige Thymian
3 Zweige Basilikum
1 Bio-Zitrone
Salz
Frisch gemahlener Pfeffer
1-2 rote Chilischoten
500 g Vollkornspaghetti
Sehr gutes Olivenöl

**Knoblauch** schälen, entkeimen und in sehr dünne Scheiben schneiden. **Zwiebeln** waschen, längs halbieren und in feine Scheiben schneiden. **Olivenöl** in einer Bratpfanne erhitzen und Knoblauch und Zwiebeln darin andünsten bis sie leicht Farbe annehmen. **Thymian** waschen und Blättchen zu den Zwiebeln zupfen. **Basilikum** waschen, in feine Streifen schneiden und dazugeben. **Zitrone** abwaschen und Schale zum Gemüse reiben. Alles mischen und mit **Salz** und **Pfeffer** abschmecken. Wer es gerne scharf mag, wäscht die **Chili** und schneidet sie in feine Ringe dazu.
**Spaghetti** gemäss Anleitung gar kochen und mit der Zwiebelmischung vermischen. Olivenöl zu den Spaghetti servieren.

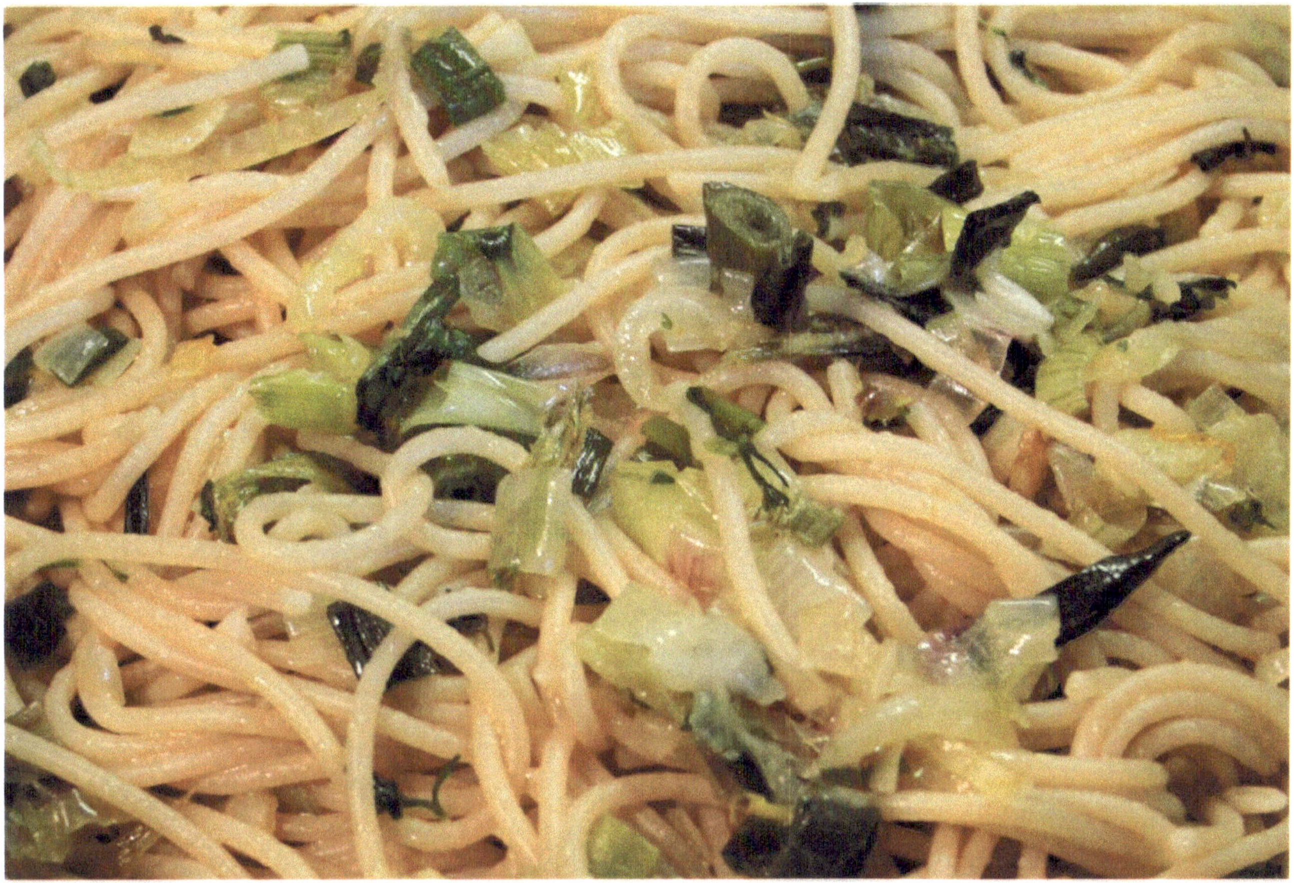

# Spaghetti mit Spinatpesto

Auf unseren heiss geliebten Basilikum müssen wir noch etwas warten. Hier schon mal eine leckere Pesto aus den letzten Winterriesen oder bereits aus jungem Frühlingsspinat.

Wasser
Salz
500 g Vollkornspaghetti
100 g Spinat
2 Knoblauchzehen
1 roter Chili
25 g Pinienkerne
80 ml sehr gutes, natives Olivenöl
Salz
Frisch gemahlener Pfeffer

Das Spaghettiwasser zum Kochen bringen und leicht salzen. **Spaghetti** gemäss Anleitung gar kochen.
Unterdessen **Spinat** waschen und rüsten. **Knoblauch** schälen und entkeimen. **Chili** waschen und ggf. entkernen. Spinat, Knoblauch, **Pinienkerne** und Chili in der Küchenmaschine fein hacken und in eine kleine Pfanne geben. Mit **Olivenöl** übergiessen und mit **Salz** und **Pfeffer** abschmecken. Leicht erwärmen, aber nicht kochen! 2-3 EL Kochwasser dazugeben. Spaghetti abgiessen und mit dem Pesto vermischen.

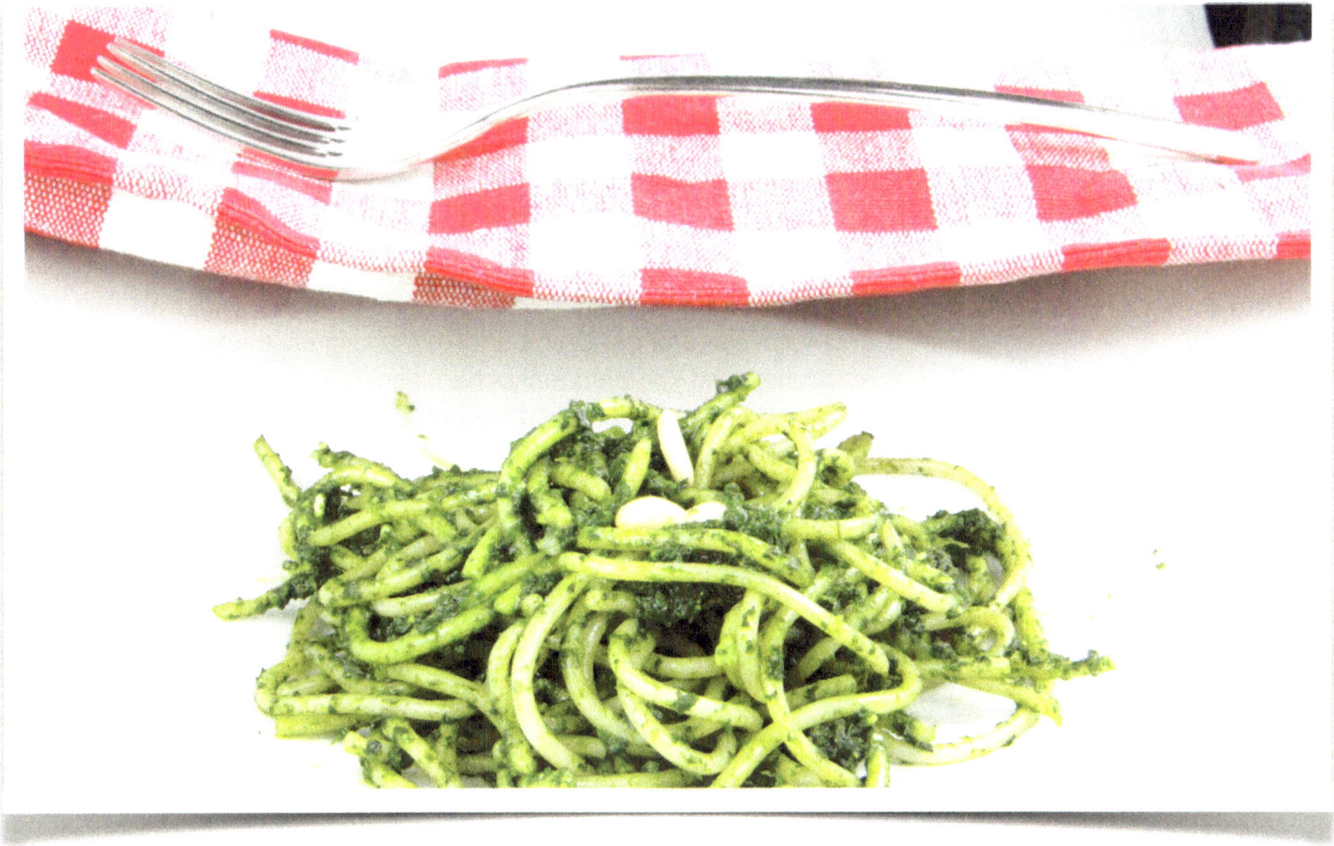

# Bärlauch-Risotto mit Pilzliragout

300 g runder Vollreis
2 Bund Bärlauch
2 EL Pinienkerne
0.5 TL Salz
Natives Olivenöl
1 mittlere Zwiebel
2 EL Olivenöl
2 dl Weisswein
6 dl Salzwasser, heiss
1 Frühlingszwiebel
1 Knoblauchzehe
2 EL Olivenöl
1 rote Paprika
2-3 Mangoldstangen
500 g frische Champignons
0.5 Bund Petersilie
1 EL Tomatenpüree
250 ml Haferrahm
Salz und Pfeffer

**Reis** über Nacht einweichen.
Für das Bärlauchpesto **Bärlauch** waschen und mit **Pinienkernen** und **Salz** in der Küchenmaschine pürieren, in ein verschliessbares Glas geben und mit **Olivenöl** auffüllen.
**Zwiebel** fein hacken. Olivenöl in einer Pfanne erhitzen und Zwiebel bei mittlerer Hitze dünsten. Reis in einem Sieb spülen, dazugeben und kurz mit dünsten. Wenn der Reis glasig ist, mit **Weisswein** ablöschen und komplett einkochen lassen. Unter Rühren Salzwasser nach und nach dazugiessen und einkochen lassen bis der Reis nach ca. 40 Minuten gar und sämig ist. Während der Reis köchelt, **Frühlingszwiebel** waschen und fein hacken. **Knoblauch** schälen, entkeimen und klein hacken. Zwiebel und Knoblauch im Olivenöl in einer Bratpfanne andünsten. **Paprika** und **Mangold** waschen, rüsten und in kleine Würfel schneiden. **Champignons** abwaschen und vierteln. Gemüse und Pilze in die Pfanne geben und mit dünsten. Alles ca. 10 Minuten weich dünsten. **Petersilie** waschen, fein hacken und dazugeben. **Tomatenpüree** unterrühren und **Haferrahm** dazugeben. Kurz aufkochen und abschmecken.
2 EL Bärlauchpesto unter den Reis rühren und für ca. 5-10 Minuten stehen lassen.

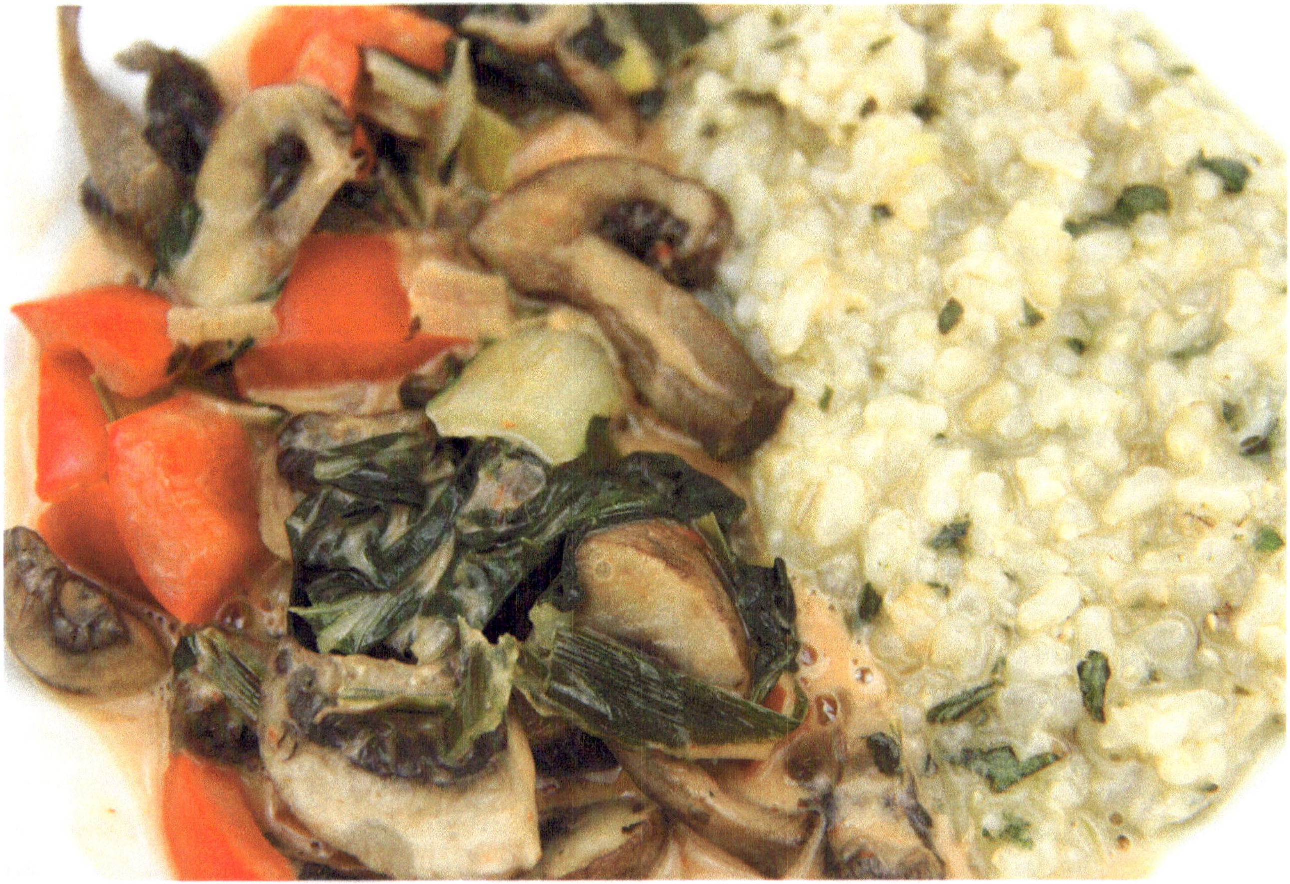

# Kichererbsen-Mangold-Burger

Es geht Richtung Grillsaison! Diese grünen Burger eignen sich wunderbar zum Grillieren. Wem es fürs BBQ noch zu kühl ist, brät sie in der Pfanne knusprig.

200 g getrocknete Kichererbsen
2 Mangoldstangen
2 Frühlingszwiebeln
0.5 Bund Petersilie
1 TL Kurkuma, gemahlen
1 TL Kreuzkümmel, gemahlen
1 TL Garam Masala
3 EL Sojamehl
0.5 dl Getreidemilch
Salz
Frisch gemahlener Pfeffer
Natives Olivenöl

Die **Kichererbsen** über Nacht einweichen. Kichererbsen abgiessen. **Mangold** waschen, rüsten und mit den Kichererbsen in der Küchenmaschine fein pürieren. **Frühlingszwiebeln** und **Petersilie** rüsten und fein hacken. Mit allen Gewürzen, **Mehl** und Getreidemilch zur Kichererbsenmasse geben. Alles gut mischen und mit **Salz** und **Pfeffer** abschmecken. Aus je 1 EL einen Burger formen. Im Olivenöl beidseitig 5 Minuten braten.

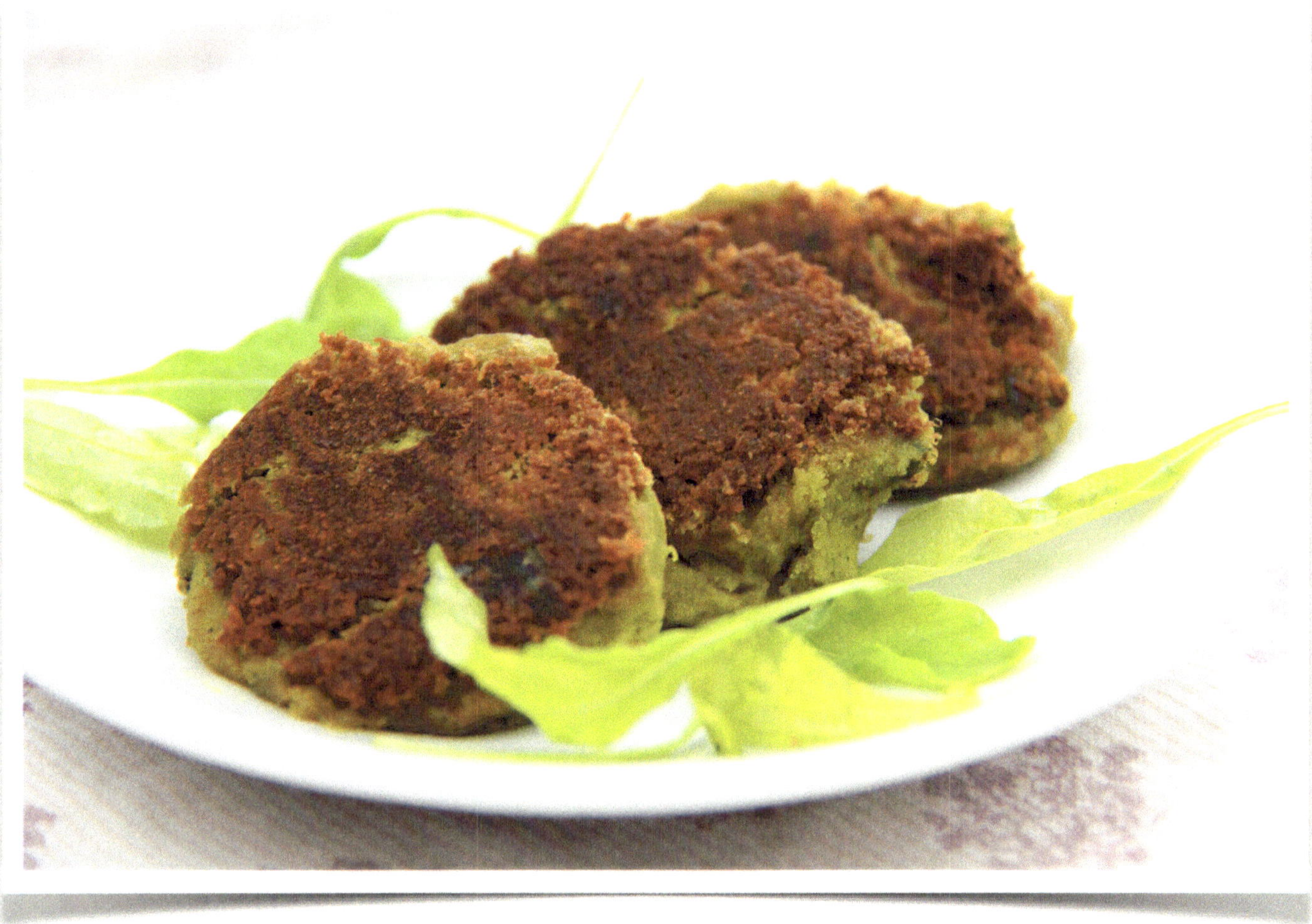

# Chia-Kokos-Pudding

CHIA SAMEN SIND ALS SUPERFOOD IN ALLER MUNDE. IN DIESEM ORIENTALISCH ANGEHAUCHTEN DESSERT GENIESSEN WIR DIE WERTVOLLEN NÄHRSTOFFE BESONDERS GERNE. WUNDERBAR AUCH ALS Z'VIERI FÜR KLEINE SCHLECKERMÄULER GEEIGNET. UND SELBSTVERSTÄNDLICH KANN DIESES REZEPT DAS GANZE JAHR GENOSSEN WERDEN - EINFACH DIE FRÜCHTE DER JAHRESZEIT NEHMEN.

200 ml Kokosmilch
100 dl Wasser
2-3 EL Chia Samen
0.5 TL Zimt, gemahlen
0.25 TL Kardamom, gemahlen
Frische Früchte der Saison

**Kokosmilch** und **Wasser** mischen. **Chia** Samen und Gewürze beigeben, umrühren und mindestens 20 Minuten kühl stellen. Frische Früchte waschen, mundgerecht schneiden und dazu servieren.

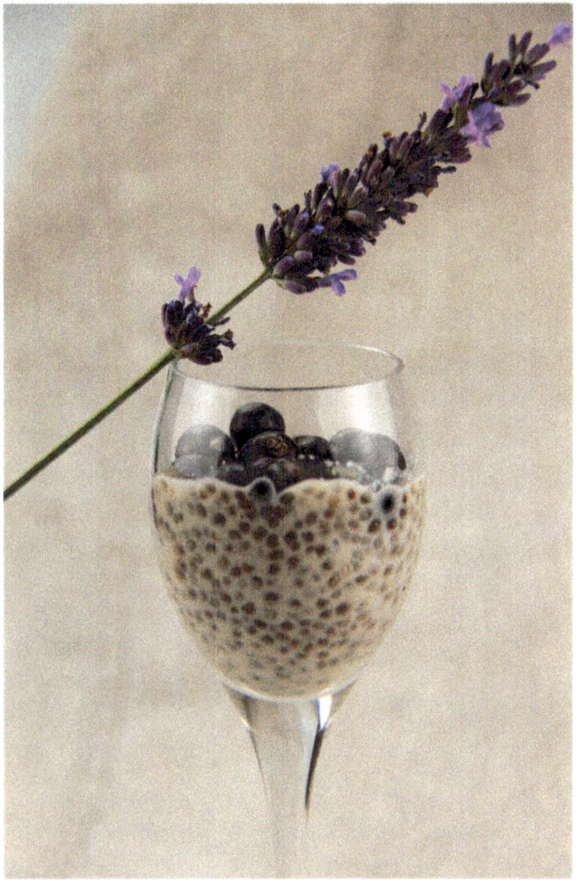

# Fruchtiges Amaranth-Porridge

Dieses cremige Porridge ist ein wunderbar vollwertiges Frühstück, ein etwas reichhaltigeres Dessert, eine beindruckende Brunch-Leckerei oder ein wohltuendes, süsses Abendessen. Etwas auf Vorrat gekocht, kann es sogar alle vier sein.

500 g Amaranth
1 Liter Hafer- oder andere, ungesüsste Getreidemilch
4 EL Mandelmus
2 EL (nach Geschmack mehr) Apfeldicksaft
0.5 TL Salz
1 TL Zimt, gemahlen
500 g frische Beeren
1-2 Zweige Pfefferminze

**Amaranth** kurz in einem Sieb mit kaltem Wasser spülen und zusammen mit der **Milch** in einen Topf geben. Die Amaranth-Milch aufkochen und bei kleiner Hitze ca. 40 Minuten weich garen. **Mandelmus**, **Apfeldicksaft**, **Salz** und **Zimt** untermischen und das Ganze ca. 10 Minuten stehen lassen.
Unterdessen die **Beeren** waschen und ggf. schneiden. Die **Pfefferminzzweige** waschen und die Blätter abzupfen. Diese fein hacken und zu den Beeren geben. Das Porridge in Gläser, Schalen oder eine grosse Schüssel füllen und mit den Beeren garnieren.

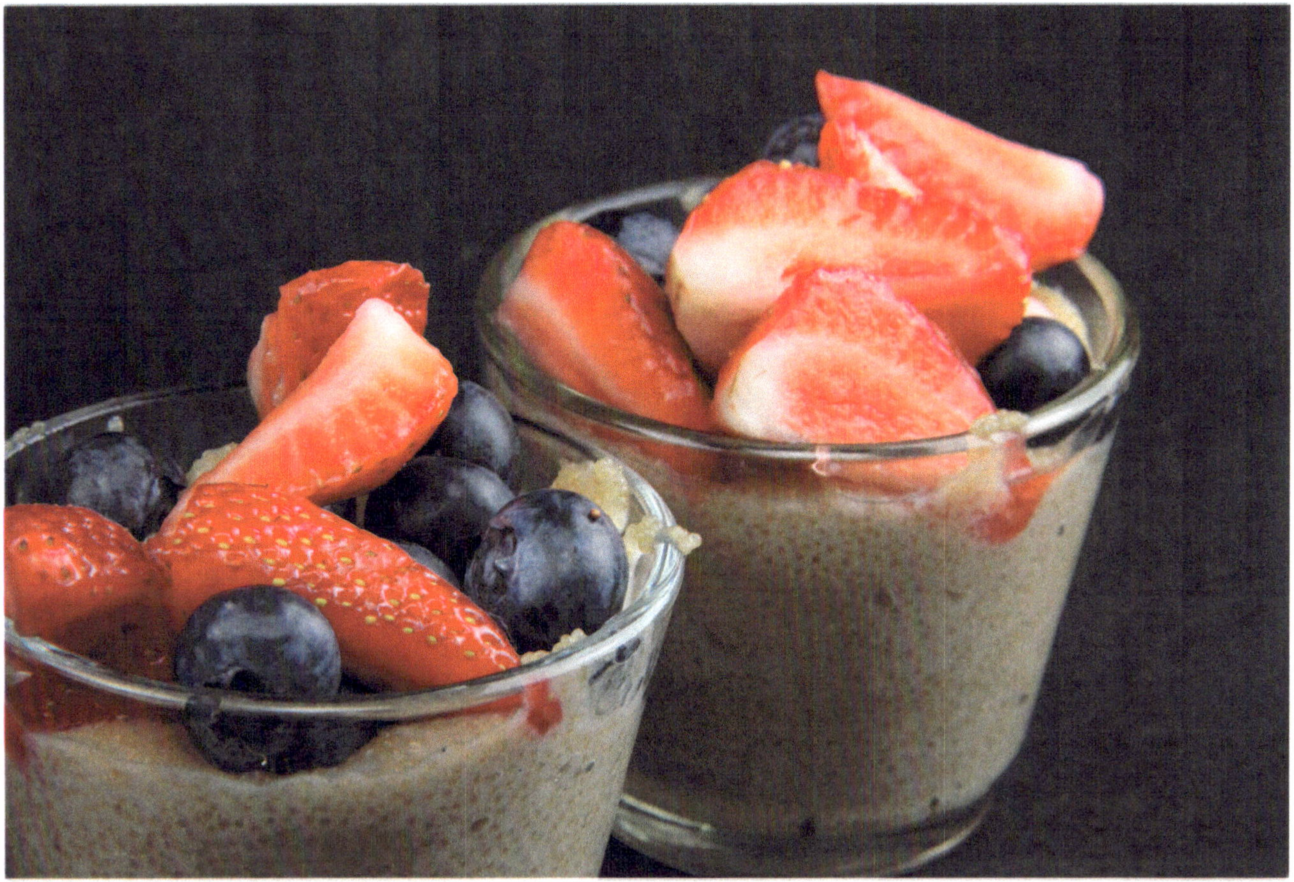

# Super feuchte Apfel-Rosinen-Muffins

WEISSE BOHNEN SIND WUNDERBARE FEUCHTMACHER FÜR JEGLICHES GEBÄCK. UND NATÜRLICH SIND SIE EINE HOCHWERTIGE PFLANZLICHE PROTEINQUELLE. ZUSAMMEN MIT EIN PAAR WEITEREN VOLLWERTIGEN ZUTATEN ERGEBEN SICH DIESE SÜSS-SAFTIGEN MUFFINS - NICHT NUR FÜR VEGANER UND LINIENBEWUSSTE .

2 EL Leinsamen
6 EL Wasser
1 Banane
1 Apfel
100 g weisse Bohnen aus dem Glas
80 g Kokosöl
100 g Kokosmus
2 dl Mandelmilch
80 g Lupinenmehl
170 g Dinkel-Vollkornmehl
1 EL Backpulver
1 TL Zimt, gemahlen
3 EL Agavendicksaft
3-4 EL Rosinen

Backofen auf 180 Grad Umluft vorheizen.
**Leinsamen** und **Wasser** in der Küchenmaschine oder mit dem Pürierstab fein pürieren und 10 Minuten stehen lassen. **Banane**, gewaschener sowie entkernter **Apfel** und **Bohnen** dazugeben und alles pürieren. Alle weiteren Zutaten dazugeben und alles zu einem zähen Teig verarbeiten. In Muffinsförmchen füllen und ca. 30 Minuten backen.

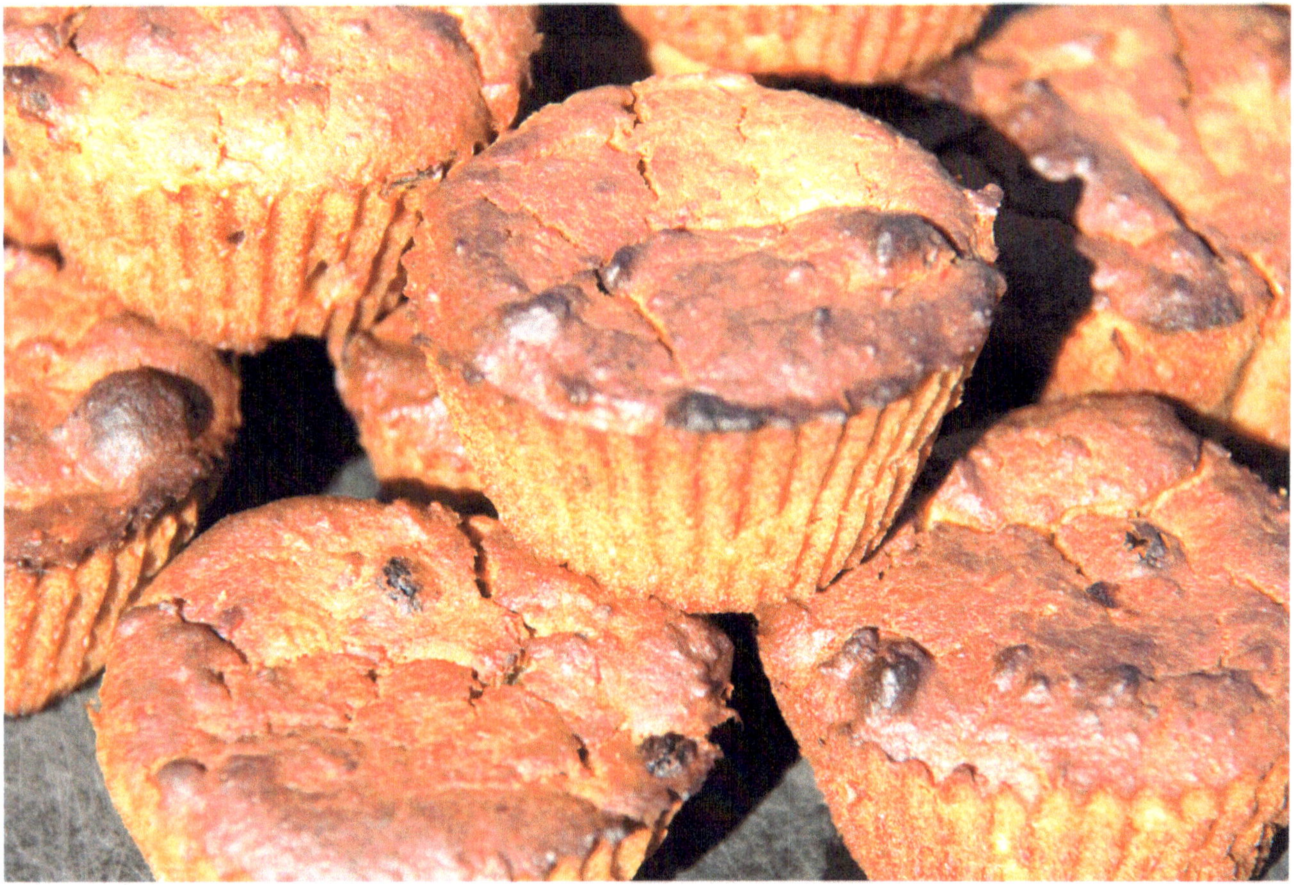

# Sommer

# Inhalt - Sommer

| | |
|---|---:|
| Eiskalte Mangoldsuppe | 66 |
| Tomaten-Champignons-Salat | 68 |
| Orientalischer Karottensalat | 70 |
| Grün knackiger Dinkelsalat | 72 |
| Ofen-Auberginen mit Kreuzkümmel | 74 |
| Knuspriges Fladenbrot | 76 |
| Knusprige Zucchini-Tätschli mit indischem Dip | 78 |
| Gemüse Tempura | 80 |
| Zucchini Bulgur | 82 |
| Fusilli mit Kichererbsen, Fenchel und Spinat | 84 |
| Farbenfrohe Penne mit Paprika und Sesam | 86 |
| Kräftiges Tomatenrisotto | 88 |
| Orientalischer Sommergemüse Couscous | 90 |
| Ofen-Ratatouille | 92 |
| Gefüllte Paprika mit Reis, Linsen & Zucchini | 94 |
| Limetten-Joghurt | 96 |
| Herrliche Sommer-Gemüsepfanne | 98 |
| Gedämpfter Ofenfenchel mit Tomate und Oliven | 100 |
| "Grünes" Limetten-Zitronengras-Curry | 102 |
| Farbiger Grünkern mit Kürbiskernöl | 104 |
| Mandel-Kokos-Creme mit frischen Beeren | 106 |
| Kirschen-Kokos-Muffins | 108 |

# Eiskalte Mangoldsuppe

WENN DER SOMMER UNS MIT SEINER GANZEN KRAFT BEGRÜSST, STEHT UNS DER SINN NACH ETWAS ERFRISCHENDEM KÜHLEN. DIESE SUPPE SCHMECKT - OB GEKÜHLT ODER WARM.

600 g Mangold
700 ml Wasser
1 frische Knoblauchzehe
200 ml Kokosmilch
1 TL Kreuzkümmel, ganz
1 TL Salz
Frisch gemahlener Pfeffer

**Mangold** waschen und zusammen mit allen Zutaten in der Küchenmaschine pürieren. Die Suppe aufkochen und ca. 20 Minuten köcheln lassen. Kühl stellen und eiskalt servieren.

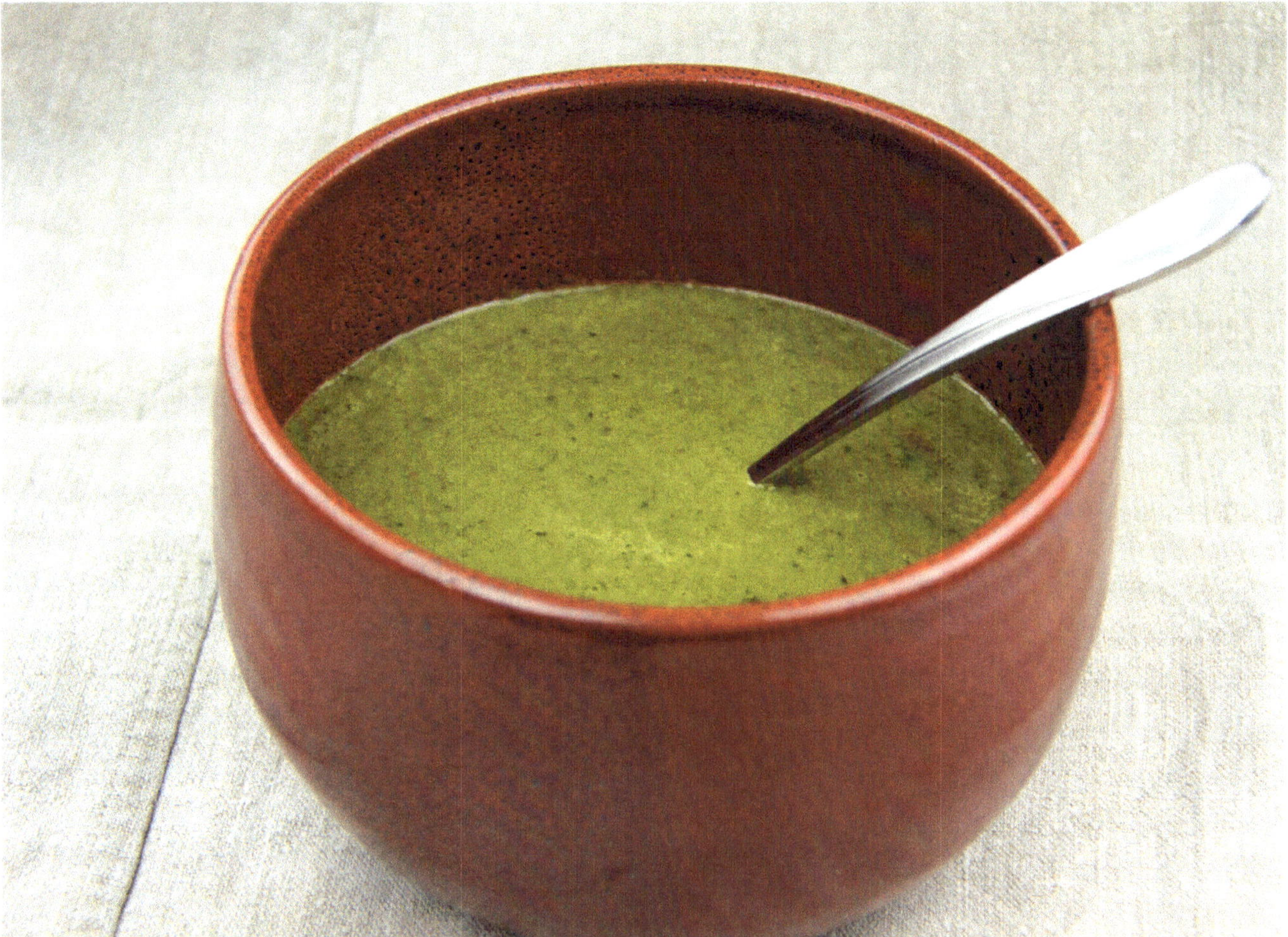

# Tomaten-Champignons-Salat

EIN SUPER SIMPLER SALAT. KÜHLE TOMATEN UND ERDIG KNACKIGE CHAMPIGNONS VERBINDEN SICH HIER ZU EINEM ERFRISCHENDEN GESCHMACKSERLEBNIS. WUNDERBAR ZU BRATLINGEN ODER GETREIDESALATEN.

4 EL natives Olivenöl
2 EL weisser Balsamico
1 kleiner TL Salz
Frisch gemahlener Pfeffer
1 Bund Schnittlauch
8 reife Tomaten
8 Champignons
2 EL gemischte Kerne

**Öl**, **Essig**, **Salz** und **Pfeffer** zu einer Sauce verrühren. **Schnittlauch** waschen und in 1 cm grosse Stücke schneiden. **Tomaten** und **Champignons** waschen, vierteln und in Scheiben schneiden. Alles zur Sauce geben, mischen und 10 Minuten ziehen lassen. Mit **Kernen** bestreuen.

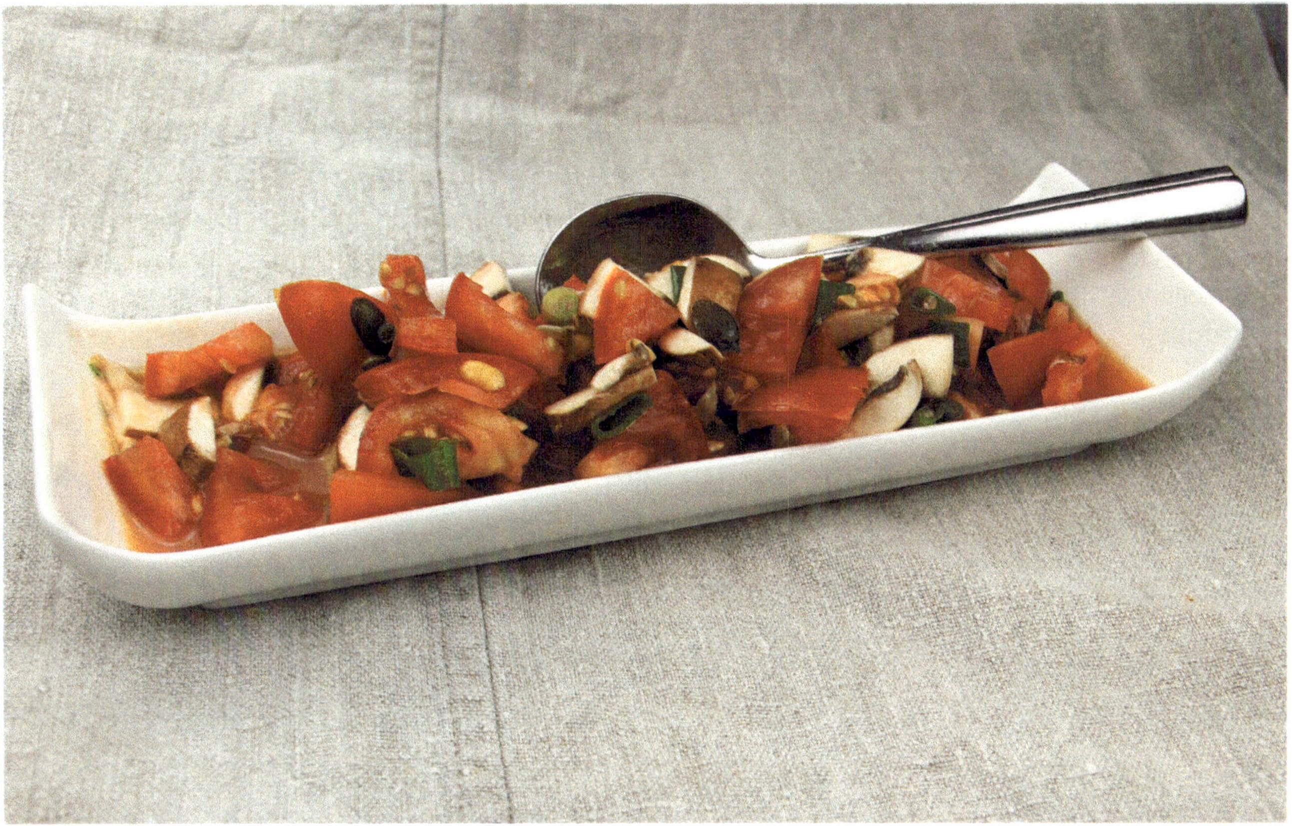

# Orientalischer Karottensalat

KNACKIGE KAROTTEN, SÜSSE DÖRRFRÜCHTE UND ORIENTALISCHE GEWÜRZE. DIESER SALAT PASST AUF JEDES SOMMERBUFFET, ZU GRILLIERTEM ODER PUR ZU FRISCH GEBACKENEM FADENBROT (S.76).

5 Dörraprikosen, ungeschwefelt
5 getrocknete Datteln, ungeschwefelt
500 g Karotten
1-2 EL Kürbiskerne
30 g Pinienkerne
1 Zitrone
2 EL natives Olivenöl
1 TL Kreuzkümmel, gemahlen
1 TL Kreuzkümmel, ganz
0.5 TL Kurkuma
Salz
Frisch gemahlener Pfeffer
Frischer Koriander

**Dörrfrüchte** in der Küchenmaschine klein häckseln. **Karotten** schälen und ebenfalls klein häckseln oder raspeln und mit den Dörrfrüchten mischen.
**Kürbis**- und **Pinienkerne** kurz ohne Fett in einer Bratpfanne rösten (wenn es schnell gehen muss, können die Kerne auch direkt dazugegeben werden) und unter die Karotten mischen. **Zitrone** halbieren und Saft von der einen Hälfte über den Salat träufeln. **Olivenöl** und alle Gewürze untermischen. Nach Belieben von der einen oder anderen Zutat mehr dazugeben.
Zum Schluss etwas frischen **Koriander** dazuschneiden.

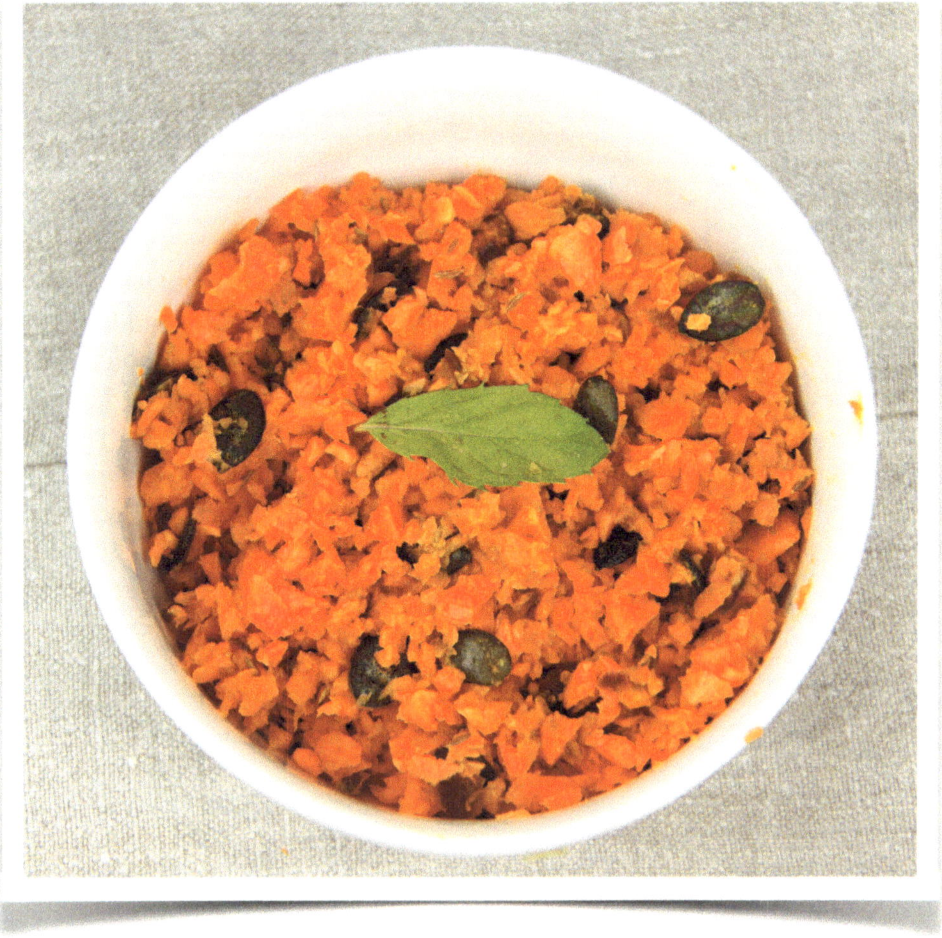

# Grün knackiger Dinkelsalat

HIER DIE SOMMERVARIANTE UNSERER GELIEBTEN DINKELKERNE. ALS BEILAGE ODER HAUPTGERICHT - DIESER SALAT SPIELT DIE HAUPTROLLE.

250 g Dinkel
1 Zitrone
4 EL natives Olivenöl
1 TL Schwarzkümmel
1 TL Kreuzkümmel, gemahlen
Salz
Frisch gemahlener Pfeffer
1-2 Knoblauchzehen
3-4 Zweige Basilikum
2 Zucchini
2 Frühlingszwiebeln
Bratbares Olivenöl
Salz
Frisch gemahlener Pfeffer
Natives Olivenöl

**Dinkel** über Nacht in Wasser einweichen oder schnellkochender Dinkel verwenden. Dinkel nach Anleitung weich garen.
Unterdessen **Zitrone** heiss abwaschen und Schale und Saft der Zitrone, **Olivenöl** und Gewürze in einer Schüssel mischen.
**Knoblauch** schälen, entkeimen und fein hacken. **Basilikum** waschen und fein hacken. Beides zum Öl geben.
**Zucchini** waschen und in kleine Würfel schneiden. **Zwiebeln** waschen, rüsten und in feine Ringe schneiden. Beides im Olivenöl goldbraun braten. Alle Zutaten in die Schüssel zur Sauce geben und mischen. Mindesten 10 Minuten ziehen lassen und anschliessend bei Bedarf mit **Salz**, **Pfeffer** und Olivenöl abschmecken.

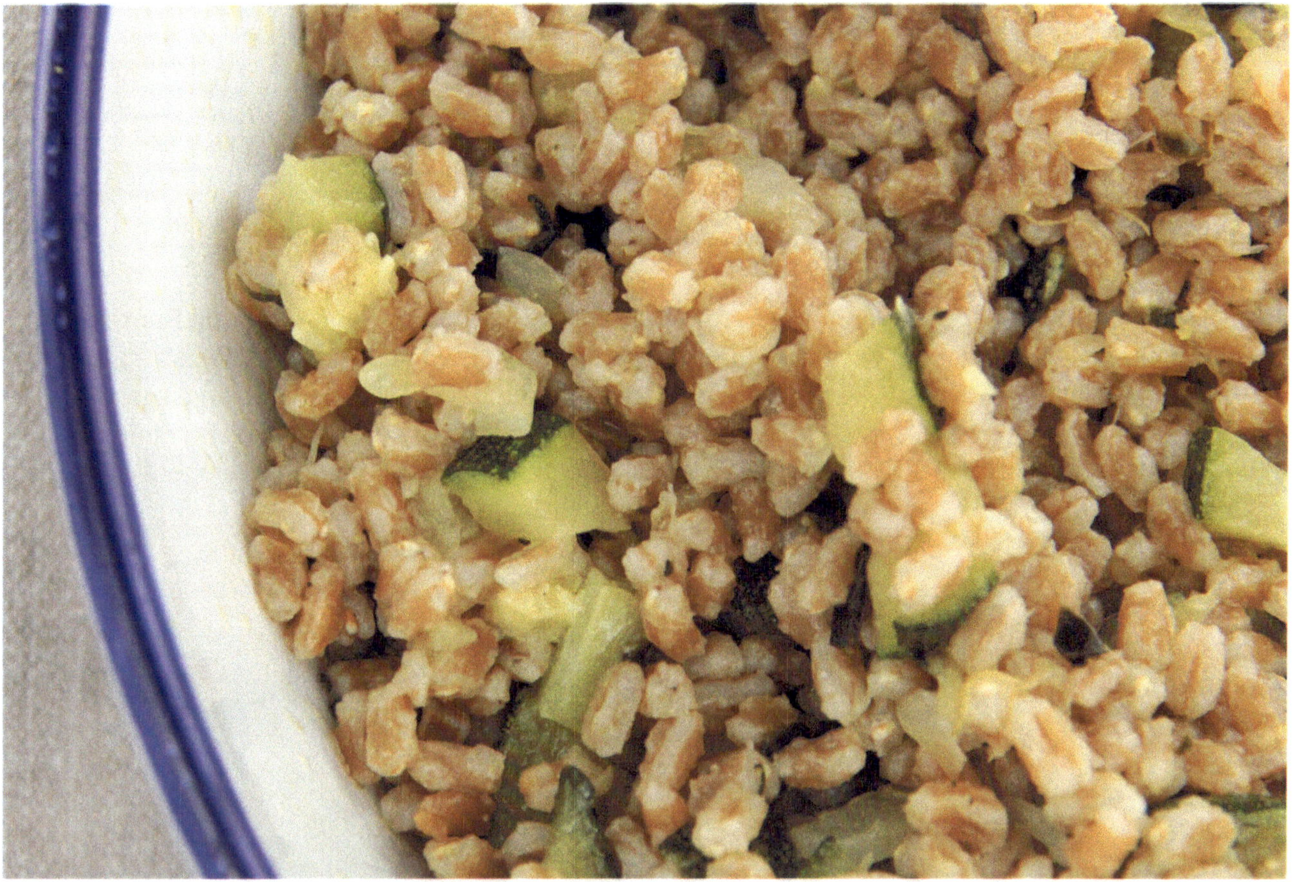

# Ofen-Auberginen mit Kreuzkümmel

DIESES EINFACHE REZEPT IST DIE BASIS FÜR JEGLICHE AUBERGINEN-KREATIONEN - MIT PASTA, ZU RISOTTO, ÜBER SALAT, IN WRAPS, …

2 Auberginen
Salz
Frisch gemahlener Pfeffer
4 EL natives Olivenöl
1 EL Kreuzkümmel, gemahlen

Den Backofen auf 180 Grad Umluft vorheizen.

Die **Auberginen** in Würfel schneiden und auf ein mit Backpapier belegtes Blech geben. Die Auberginenwürfel etwas salzen, pfeffern und mit dem Olivenöl beträufeln. 15 Minuten stehen lassen.
Das Blech auf der mittleren Rille in den Ofen schieben und die Auberginen gut 30 Minuten goldbraun backen. Gelegentlich umrühren.
Zum Schluss mit dem **Kreuzkümmel** bestreuen.

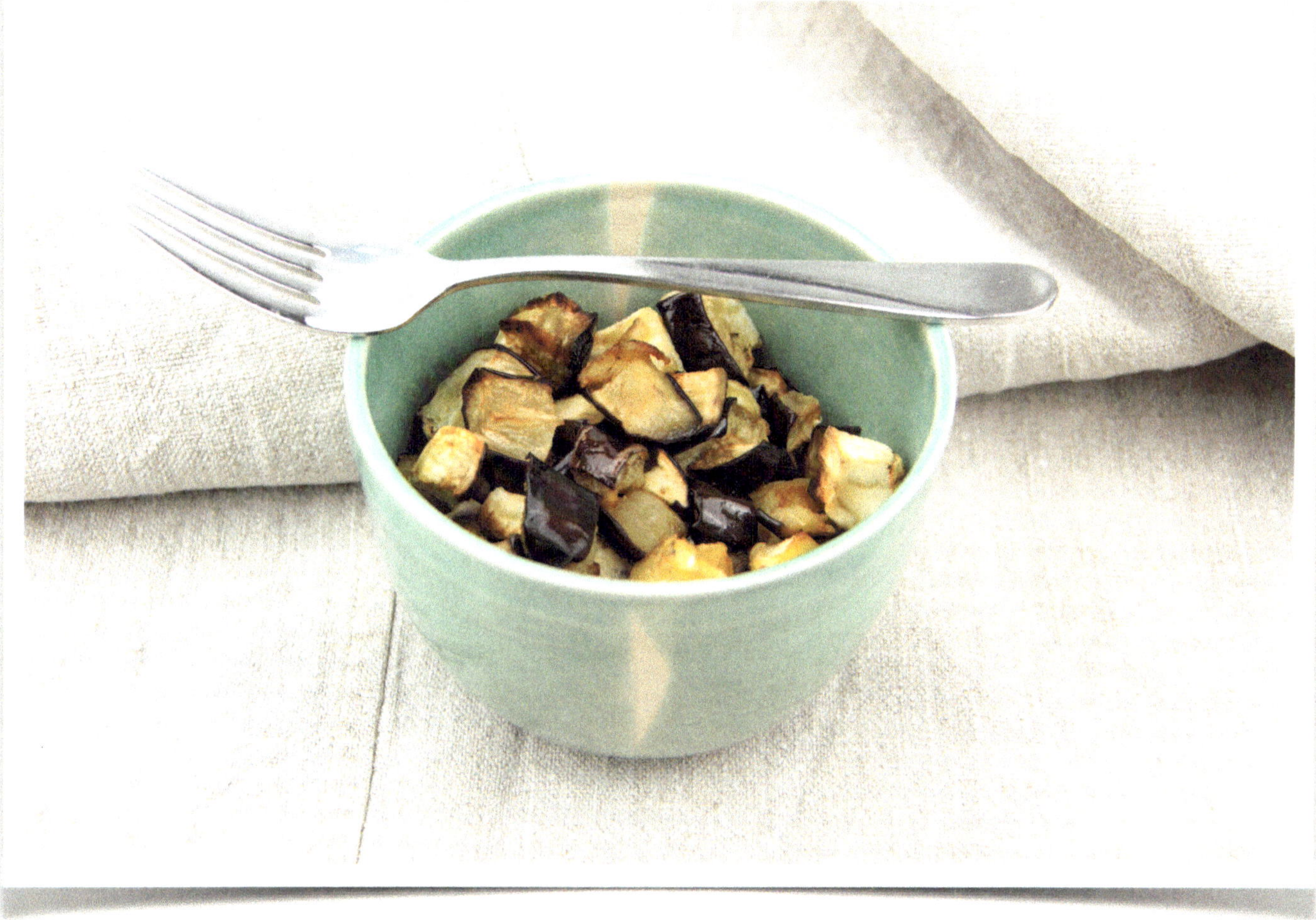

# Knuspriges Fladenbrot

Fladenbrot passt zu fast allem - Salate, Suppen, Gemüse und Grilladen. Dieses hier ist besonders dünn, knusprig und schnell gemacht.

130 g Dinkel- oder Weizenvollkornmehl
100 g Hartweizengriess
0.75 TL Salz
130 g warmes Wasser
1 EL natives Olivenöl

Ofen auf 80 Grad Ober- und Unterhitze vorheizen.

**Mehl**, **Hartweizengriess** und **Salz** in einer Schüssel mischen. **Wasser** und **Olivenöl** dazugeben und alles zu einem glatten Teig kneten. Den Teig in 12 Stücke teilen und je zu einer Kugel formen. Die Kugeln mit einem feuchten Küchentuch abdecken und für ca. 20 Minuten ruhen lassen.

Die Kugeln auf einer leicht bemehlten Oberfläche möglichst dünn ausrollen.

Eine beschichtete Bratpfanne ohne Fett erhitzen und die Fladen bei mittlerer Hitze backen bis Blasen entstehen und dann wenden. Kurz weiter backen bis sie schön Farbe annehmen. Die Fladenbrote im Ofen warm halten. Sollte Mehl in der Pfanne zurückbleiben, dieses kurz mit einem Küchenpapier wegwischen.

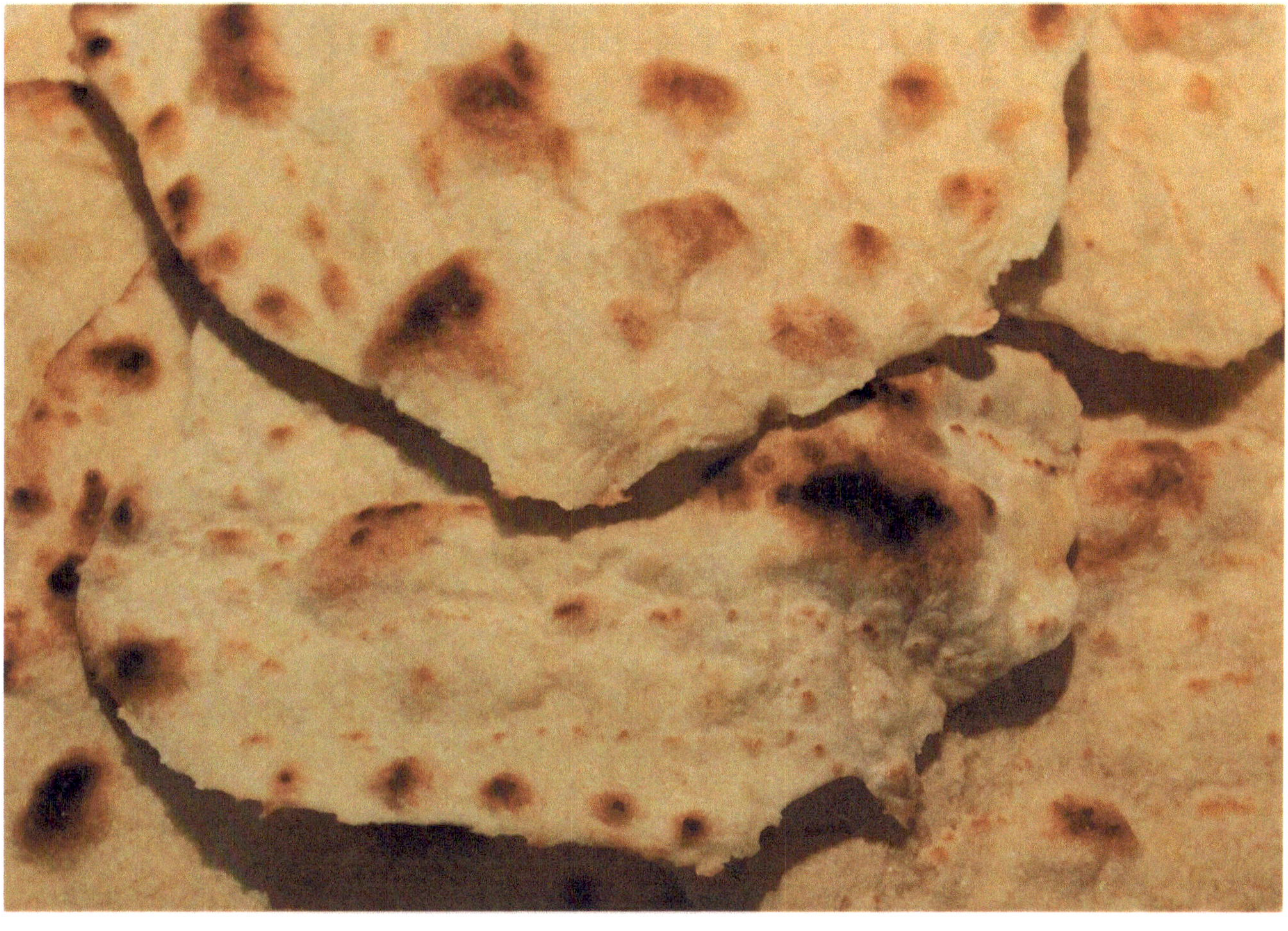

# Knusprige Zucchini-Tätschli mit indischem Dip

DIESE TÄTSCHLI SIND DIE ULTIMATIVEN QUICK WINS. IN DER KÜCHENMASCHINE SIND SIE IN MINUTEN VORBEREITET UND MÜSSEN DANN NUR NOCH GEBRATEN WERDEN. LECKER AUCH VOM GRILL.

2 Frühlingszwiebeln
1 Knoblauchzehe
ca. 800 g Zucchini
160 g Dinkel-Vollkornmehl
2 TL Salz
1 gestrichener EL Kreuzkümmel, gemahlen
1 gestrichener EL Kurkuma, gemahlen
bratbares Olivenöl

200 ml Tomatenpassata oder 3-4 frische Tomaten
0.5 TL Salz
1 TL Garam Masala
1 TL Olivenöl

**Frühlingszwiebeln** waschen, fein hacken und in eine Schüssel geben. **Knoblauch** schälen und dazupressen. **Zucchini** waschen und mit der Röstiraffel dazureiben. Alle anderen Zutaten bis auf das **Olivenöl** dazugeben und das Ganze, am besten mit den Händen, gut durchkneten.
In einer Bratpfanne jeweils 3 EL Olivenöl erhitzen und ca. 1-2 EL der Tätschlimasse darin beidseitig goldbraun braten.

Für die Sauce **Tomatenpassata** mit Salz, Garam Masala und Öl mischen. Respektive Tomaten mit den Gewürzen roh pürieren. Wunderbar lassen sich Tomatensugoreste zu diesem Dip verarbeiten. Einfach Sugo mit etwas Garam Masala "verindischen".

Dazu passt ein grüner Salat und für die sehr Hungrigen etwas roter Reis.

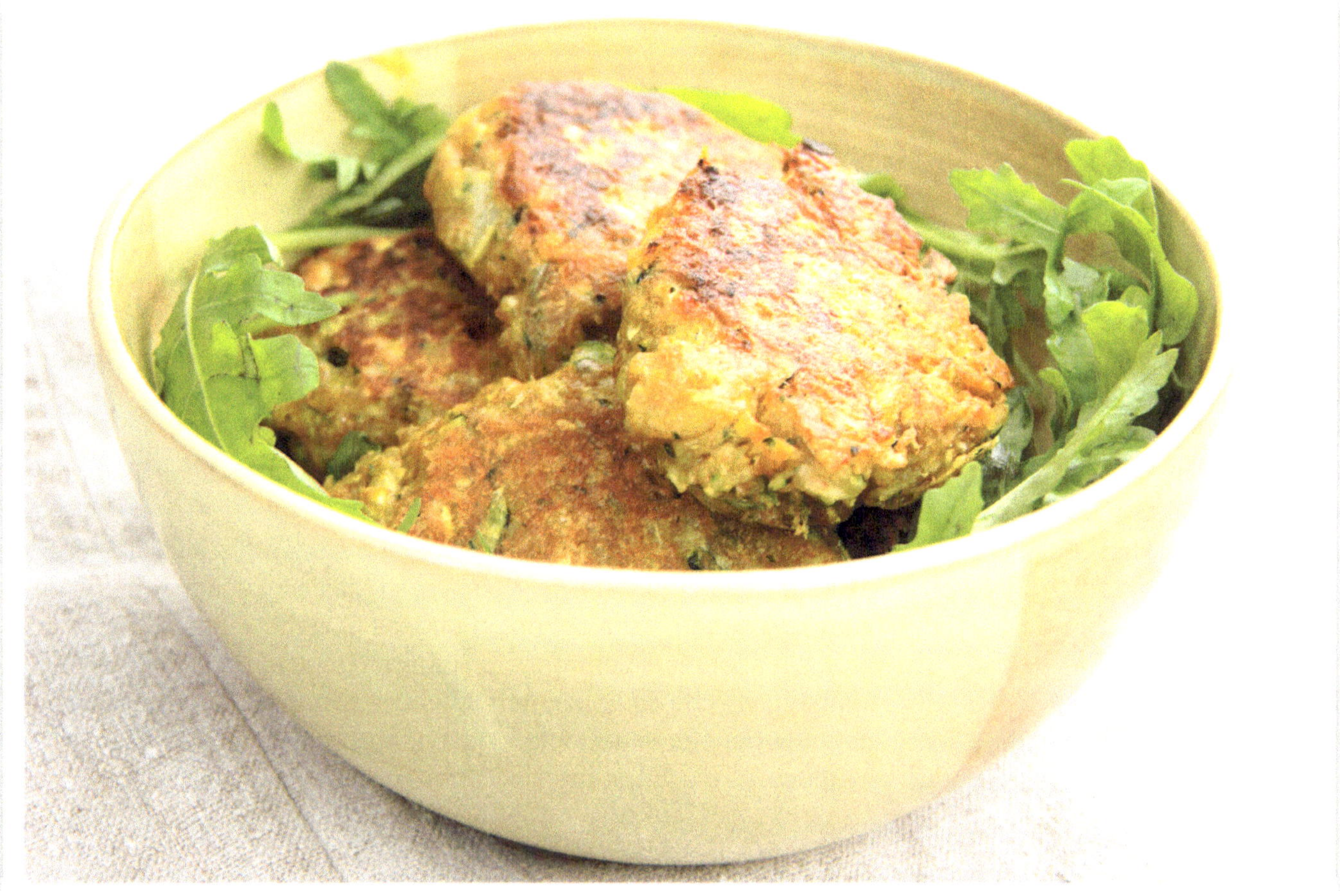

# Gemüse Tempura

*Eigentlich liebe ich Gemüse möglichst pur. Als Abwechslung sind diese knusprigen Häppchen aber grandios. Schön auch als Apéroplatte für hungrige Gäste.*

1 kg saisonales Gemüse (gerüstet gewogen; hier: Rote Beeten, Bohnen, Auberginen, Zucchini, Rüben)
100 g Maisstärke
100 Vollkorn-Weizenmehl
1 gestrichener TL Salz
1 TL Reinweinstein Backpulver
220 ml Mineralwasser
1 TL Schwarzkümmel
1 TL Kurkuma
4 EL Maisstärke
200 g Kokosöl
400 g bratbares Oliven- oder Rapsöl

**Gemüse** waschen, rüsten und in ca. 5 bis 10 mm dicke Scheiben schneiden (je härter das Gemüse, desto dünner die Scheiben). Bohnen ganz lassen.
**Maisstärke**, **Mehl**, **Salz**, **Backpulver**, **Mineralwasser** und **Gewürze** zu einem geschmeidigen Teig verrühren.
Ofen auf 80 Grad Ober- und Unterhitze vorheizen.
**Maisstärke** in einen grossen Teller geben. Einen zweiten Teller mit Küchenpapier auslegen.
**Kokosöl** und **Öl** in einen Topf geben und stark erhitzen. Hitze auf mittlere Hitze zurückstellen. Gemüse in Maisstärke wenden und dann zum Teig geben. Kurz abtropfen und ins Öl geben. Das Gemüse soll brutzeln aber nicht verbrennen. Härtere Gemüse benötigen ca. 4 Minuten, weiche ca. 2 Minuten. Gemüse aus dem Öl heben und auf dem Küchenpapier abtropfen lassen. Im Ofen warm halten.
Gemüse so rasch wie möglich servieren.

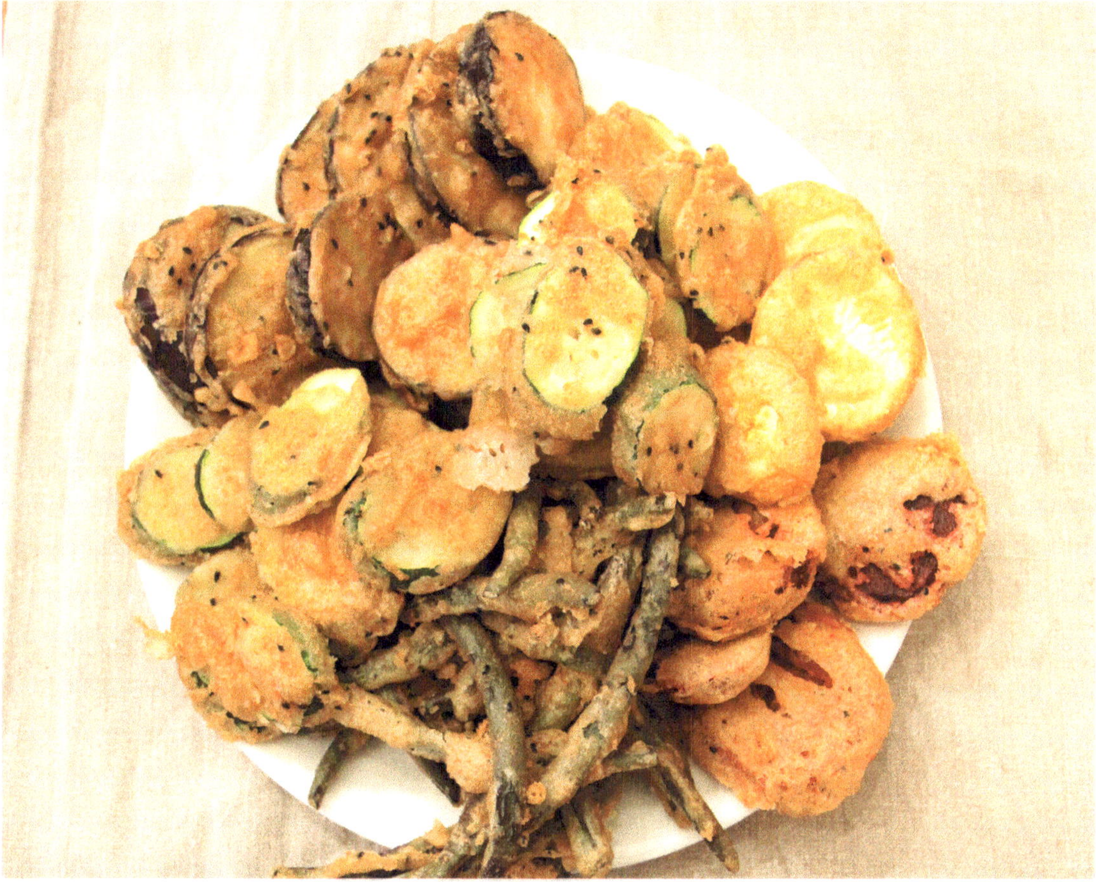

# Zucchini Bulgur

Dieses Bulger kann mit jeglichem Sommergemüse zubereitet werden. Ich habe hier Zucchini verwendet. Wer es schön Farbig mag, gibt noch Paprika und Auberginen dazu.

300 g Vollkorn Bulgur
600 ml Wasser
2 EL bratbares Olivenöl
2 frische Knoblauchzehen
2 Zucchini
1 TL Kreuzkümmel, gemahlen
1 TL Salz
Frisch gemahlener Pfeffer
0.5 Bund Petersilie
3 EL natives Olivenöl
1 Bio-Zitrone
2 EL Cashewkerne

**Bulgur** mit **Wasser** gar kochen.
In einer Bratpfanne das **Olivenöl** erwärmen. **Knoblauch** schälen, entkeimen, in feine Scheiben schneiden und im Olivenöl andünsten. **Zucchini** waschen, vierteln, in Scheiben schneiden und zum Knoblauch geben. Gemüse goldbraun anbraten. **Kreuzkümmel**, **Salz** und **Pfeffer** darunter mischen. **Petersilie** waschen, fein hacken und zusammen mit dem **Olivenöl** unter das Gemüse mischen. Das fertige Bulgur zum Gemüse geben. **Zitrone** abwaschen und Schale zum Bulgur reiben. **Cashewkerne** etwas zerkleinern und in einer Bratpfanne ohne Fett kurz rösten und unter das Bulgur mischen.

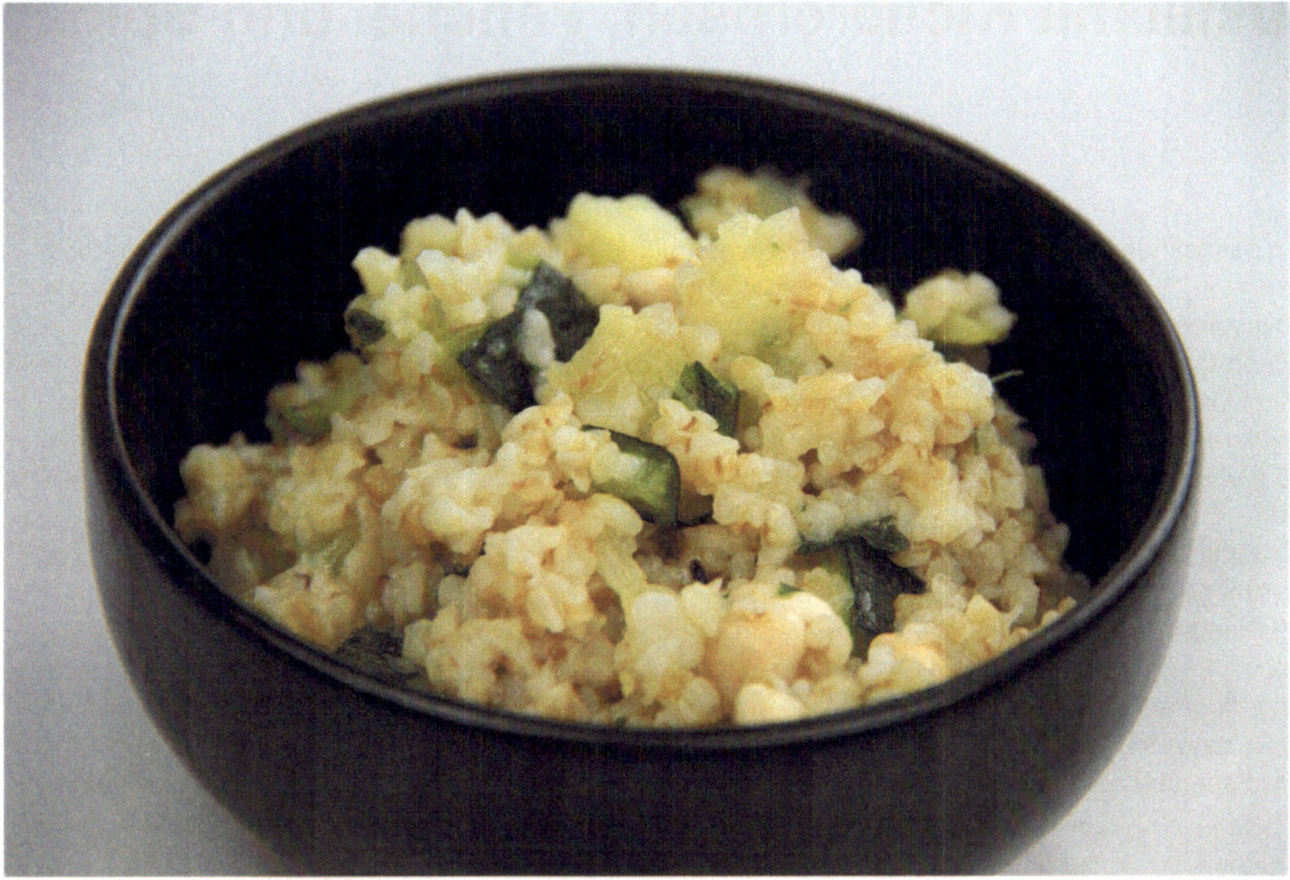

# Fusilli mit Kichererbsen, Fenchel und Spinat

Neben Pasta mit kräftiger Tomatensugo ist dies meine Lieblings-Sommer-Pasta. Feiner Fenchel, zarter Spinat und knackige Kichererbsen geben diesen Fusilli den richtigen Biss.

60 g getrocknete Kichererbsen
oder
120 g vorgegarte Kichererbsen
3 EL bratbares Olivenöl
2 Knoblauchzehe
1 mittlerer Fenchel
500 g Vollkorn-Fusilli
Salz
100 g frischer Blattspinat, gerüstet gewogen
6 EL Pastakochwasser
Salz
1 Bio-Zitrone
2-3 EL natives Olivenöl
Frisch gemahlener Pfeffer

**Kichererbsen** über Nacht einweichen. Kichererbsen in ein Sieb geben, abspülen und in frischem Wasser für nochmals 2 Stunden weich kochen. Oder vorgegarte Kichererbsen gut abspülen.
**Olivenöl** in einer Bratpfanne erhitzen. **Knoblauch** schälen, entkeimen, in sehr feine Scheibchen schneiden und im Olivenöl andünsten. **Fenchel** waschen, in sehr feine Scheiben schneiden und zum Knoblauch geben. Beides solange braten bis der Fenchel etwas Farbe annimmt.
Unterdessen **Fusilli** gemäss Anleitung im Salzwasser kochen und abschütten.
**Spinat** in ein Sieb geben, waschen und etwas abtropfen lassen. Spinat in schmale Streifen schneiden und zum Fenchel geben. Kichererbsen abschütten und zum Gemüse geben. Alles mischen, Wasser dazugeben und mit etwas **Salz** abschmecken. Fusilli zum Gemüse geben. **Zitrone** heiss abwaschen und etwa die Hälfte der Schale zur Pasta raspeln. Olivenöl und frisch gemahlener **Pfeffer** dazugeben und alles gut mischen. Kurz ziehen lassen.

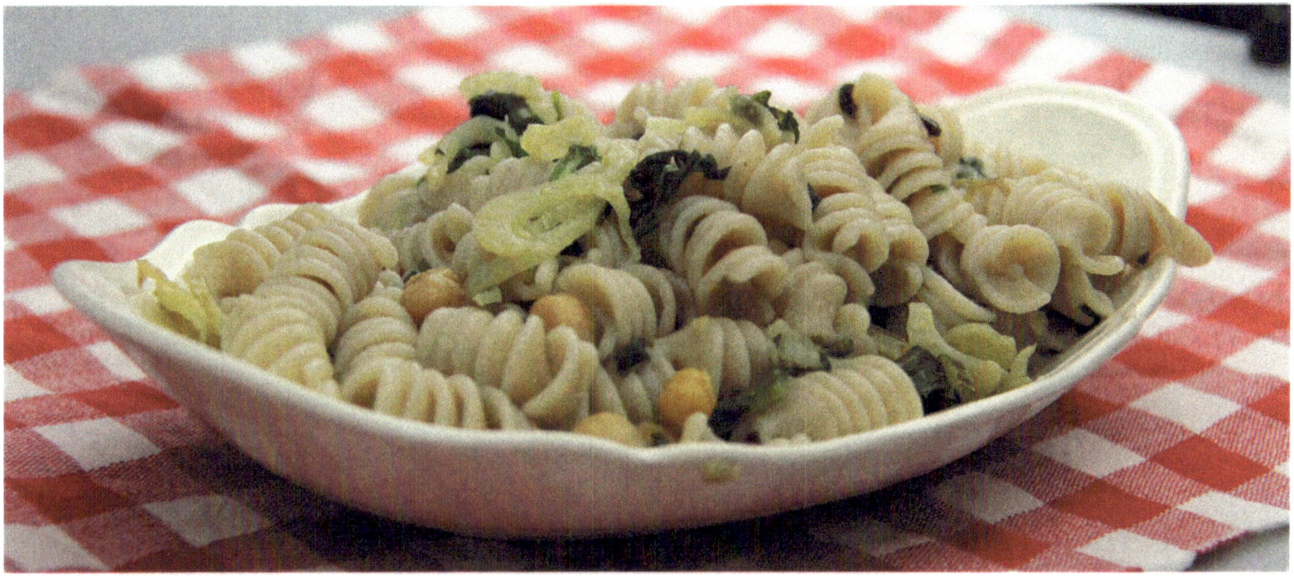

# Farbenfrohe Penne mit Paprika und Sesam

AUCH EINE TOLLE SOMMER-PASTA. FARBENFROHE PAPRIKA, VIEL FRISCHE KRÄUTER UND KNUSPRIGER SESAM LASSEN KEINE ITALIENISCHEN WÜNSCHE OFFEN.

2 rote Paprika
2 gelbe Paprika
3 frische Knoblauchzehen
1-2 Frühlingszwiebeln
2 Zweige Rosmarin
6 Zweige Thymian
2 Zweige Oregano
2 EL Sesam
4 EL bratbares Olivenöl
Salz
Frisch gemahlener Pfeffer
500 g Vollkorn Penne

Ofen auf 180 Grad Umluft vorheizen.
Unterdessen **Paprika** waschen, rüsten und in kleine Würfel schneiden. Die Würfel in eine Gratinform geben. **Knoblauch** schälen, entkeimen und in feine Scheiben schneiden. **Frühlingszwiebeln** waschen, rüsten und in feine Ringe schneiden. Knoblauch und **Zwiebeln** in die Gratinform geben. Kräuter waschen und Blätter abzupfen. Kräuter fein hacken und zum Gemüse geben. **Sesam**, **Olivenöl**, **Salz** und **Pfeffer** dazugeben und alles gut mischen. Das Gemüse ca. 30 Minuten in der Mitte des Ofens backen.
Unterdessen Salat zubereiten und Penne nach Anleitung al dente kochen.
**Penne** abgiessen, in die Gratinform geben und gut mischen. Sofort servieren.

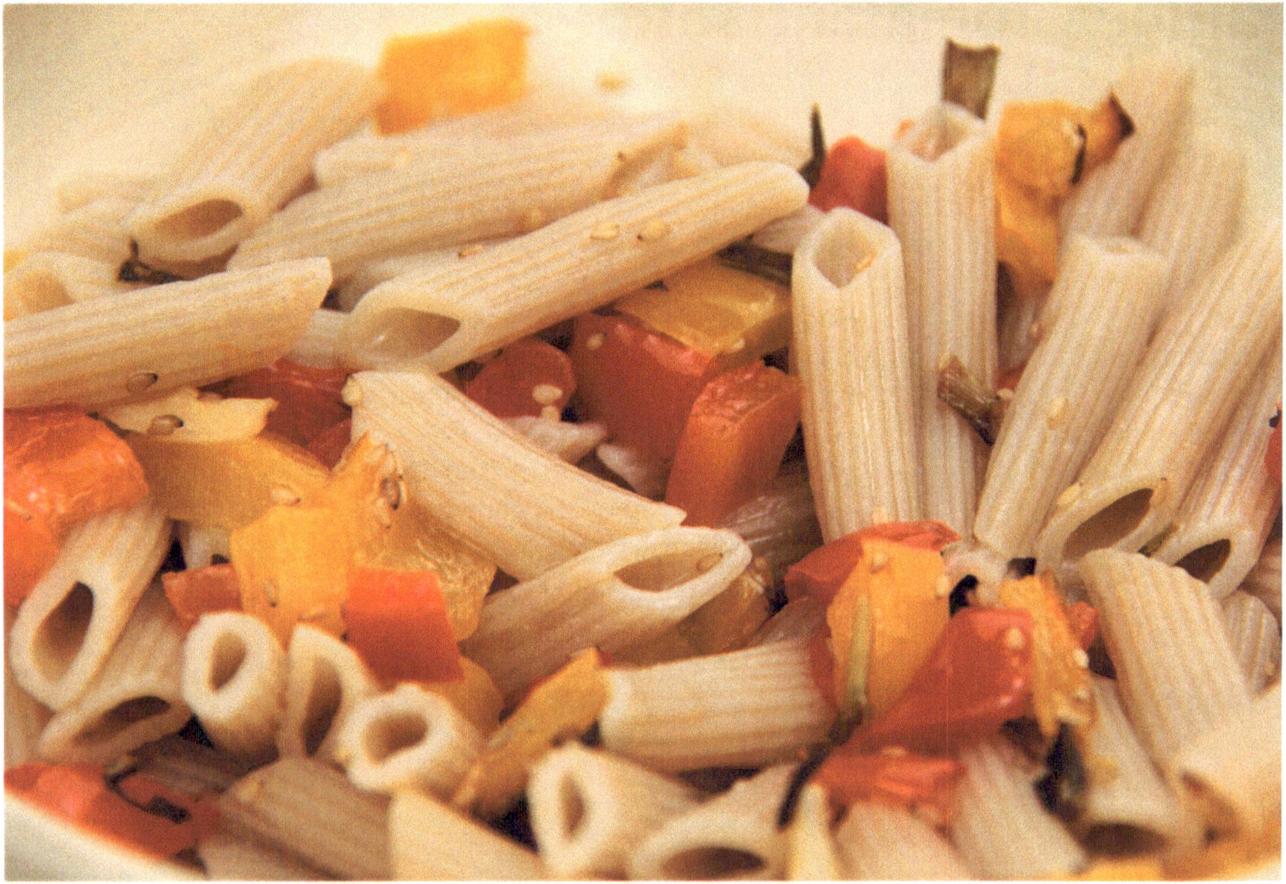

# Kräftiges Tomatenrisotto

BESUCH UND KEINE AHNUNG WAS WER GERNE MAG? DIESES RISOTTO SCHMECKT ALLEN - GROSS, KLEIN, JUNG, ALT - BEI UNS BLIEB SELTEN EIN REISKORN ÜBRIG.

300 g runder Naturreis
3 EL bratbares Olivenöl
1 Zwiebel
2 Knoblauchzehen
1 dl Rotwein
400 g Tomatenpassata
Mindesten 3 dl Wasser
Salz
3 EL schwarze Oliven, entsteint
2-3 Zweige frischer Basilikum
2 EL sehr gutes Olivenöl
Salz
Frisch gemahlener Pfeffer

**Reis** ein paar Stunden in Wasser einweichen. Reis abspülen. In einer weiten Pfanne **Olivenöl** auf mittlere Hitze erwärmen. **Zwiebel** und **Knoblauch** schälen, fein hacken und im **Olivenöl** andünsten. Reis dazugeben und kurz mitdünsten. Mit **Rotwein** ablöschen. **Tomaten** und **Wasser** dazugeben. 1 EL **Salz** dazugeben und das ganze ca. 30-40 Minuten köcheln lassen bis das Reis gar ist. Ggf. mehr Wasser dazugeben. **Oliven** klein hacken. **Basilikum** waschen und fein hacken. Beides zum Reis geben und das Risotto nochmals 10 Minuten ziehen lassen. Olivenöl unterrühren und mit Salz und **Pfeffer** abschmecken.

Dazu passt ein frischer Kopfsalat mit Radieschen.

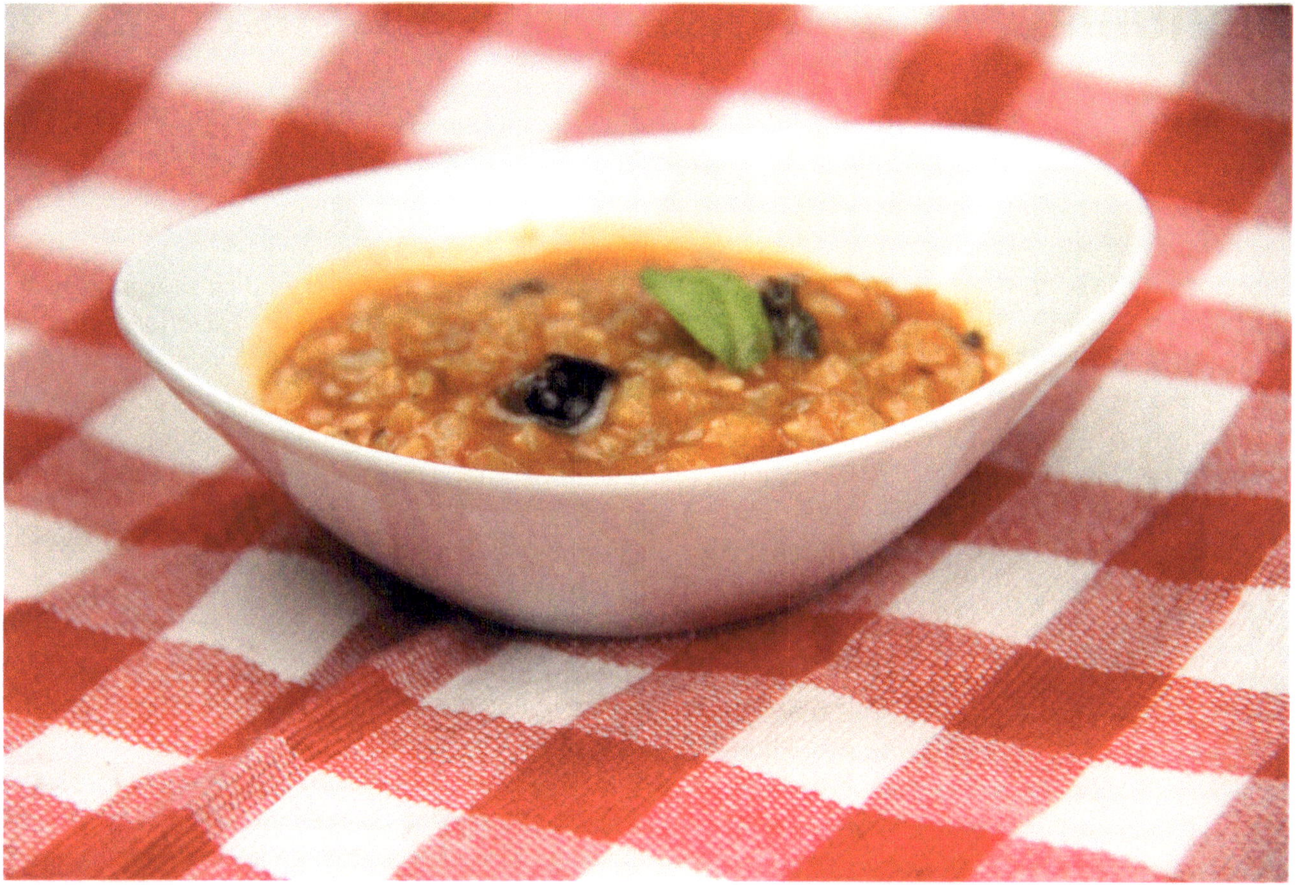

# Orientalischer Sommergemüse Couscous

SOMMERZEIT IST GRILLSAISON. UND GRILLSAISON BEDEUTET MEIST ESSEN MIT GÄSTEN UND DAS GUT UND GERNE MAL SPONTAN. ZEIT ALSO FÜR EINE SUPER LECKERE, NICHT ALLTÄGLICHE BEILAGE, DIE IM NU AUF DEM TISCH STEHT.

3 EL bratbares Olivenöl
1-2 Frühlingszwiebeln
1-2 Zucchini
1 rote Paprika
2 EL Pinienkerne
150 g Vollkorn Couscous
160 ml Wasser
0.5 TL Salz
Frisch gemahlener Pfeffer
1 TL Kreuzkümmel, gemahlen
0.5 Bund Petersilie
2-3 Zweige Pfefferminze
Natives Olivenöl

**Olivenöl** in einer Bratpfanne langsam erhitzen. **Frühlingszwiebeln** waschen und in feine Ringe schneiden und zum Olivenöl geben. Bei mittlerer Hitze anbraten. Unterdessen **Zucchini** waschen, rüsten und in ca. 0.5 mm dicke Scheiben schneiden. **Paprika** waschen, rüsten und in 1 cm grosse Würfel schneiden. Beides mit den Frühlingszwiebeln solange anbraten bis das Gemüse etwas Farbe angenommen hat. Ggf. mehr Olivenöl dazugeben.
**Pinienkerne** zum Gemüse geben und mitbraten.
**Coucous** in eine Schüssel geben. Wasser aufkochen und über den Coucous geben. Schüssel mit einem Teller abdecken und ca. 10 Minuten quellen lassen.
Gemüse unter den Couscous mischen und mit allen Gewürzen abschmecken.
**Petersilie** und **Minze** waschen, fein hacken und dazugeben. Nach Geschmack Olivenöl beigeben. Das Ganze mindestens 20 Minuten ziehen lassen. Falls das Couscous zu trocken ist, etwas heisses Wasser dazugeben.

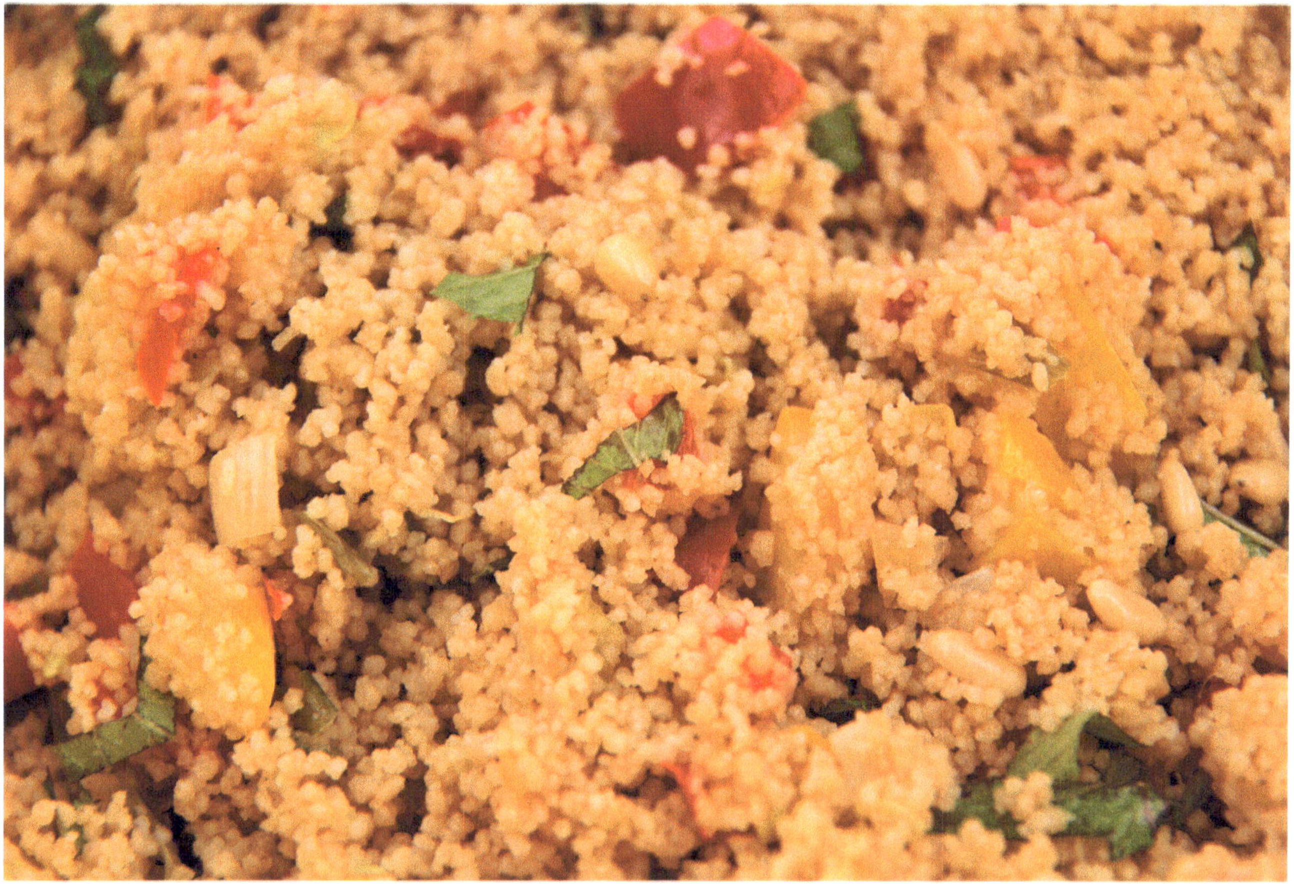

# Ofen-Ratatouille

DIESE GENIALE RATATOUILLE-VARIANTE KOCHT SICH - EINMAL GESCHNIPPELT - GANZ VON ALLEINE. WUNDERBAR ZU ALLEN GETREIDEN, REIS UND PASTA.

1-2 Auberginen
2-3 Zucchini
1-2 Paprika
250 g Cherrytomaten
2 Zweige Rosmarin
4-6 Zweige Thymian
10 Kalamataoliven, entsteint
2-3 EL bratbares Olivenöl
Salz
Frisch gemahlener Pfeffer

Ofen auf 150 Grad Umluft vorheizen.
Das Gemüse waschen, rüsten und in mundgerechte Stücke schneiden. **Cherrytomaten** ganz lassen oder halbieren. Das Gemüse in eine Gratinform füllen. Kräuter fein hacken und mit den **Oliven** zum Gemüse geben. Alles gut mischen, mit **Olivenöl** beträufeln und mit **Salz** und **Pfeffer** abschmecken. Im Ofen 45-60 Minuten backen bis das Gemüse eine schöne Farbe hat. Gelegentlich umrühren.

Als Beilage zu Getreide (z.B. Kräuter-Couscous S. 168), einem Risotto oder mit al dente gekochten Pasta servieren.

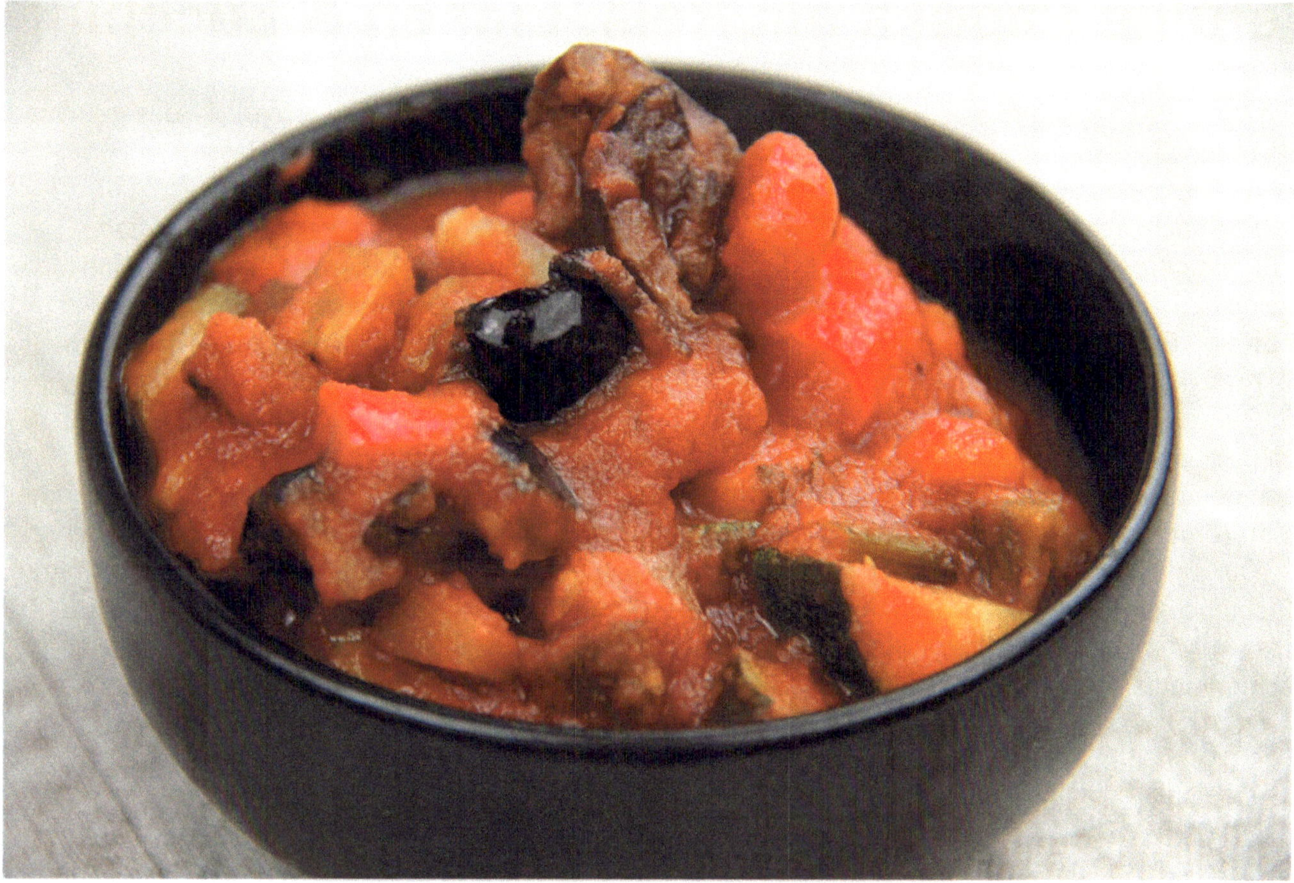

# Gefüllte Paprika mit Reis, Linsen & Zucchini

150 g Vollkorn-Langkornreis
100g braune Linsen
1-2 Frühlingszwiebeln
1-2 Knoblauchzehen
2-3 EL bratbares Olivenöl
1 Zucchini
2-3 Zweige Basilikum
1 EL Kreuzkümmel, gemahlen
1 EL Garam Masala
Salz
Frisch gemahlener Pfeffer
400 ml Tomatenpassata
10 Kalamata Oliven
1 Knoblauchzehe
Salz
Frisch gemahlener Pfeffer
3-4 rote Paprika
2-3 EL Mandelmus
2-3 EL natives Olivenöl

Den **Reis** und die **Linsen** über Nacht einweichen. Beides gemäss Anleitung gar kochen, abgiessen und abkühlen lassen.
Backofen auf 180 Grad Umluft vorheizen.
Unterdessen **Zwiebeln** und **Knoblauch** fein hacken. In einer Bratpfanne **Olivenöl** erhitzen. Zwiebeln und Knoblauch bei mittlere Hitze andünsten. **Zucchini** waschen, rüsten, in kleine Würfel schneiden, zu den Zwiebeln geben und mit dünsten. **Basilikum** waschen, Blätter fein hacken und mit Gewürzen, Reis und Linsen in die Pfanne geben. Alles gut mischen.

**Tomatenpassata** in eine Gratinform giessen. **Oliven** ggf. entkernen, in Scheiben schneiden und in die Gratinform geben. Knoblauch schälen, entkeimen und in die Passata pressen. Passata umrühren und mit Salz und **Pfeffer** abschmecken.
**Paprika** waschen, halbieren und entkernen. Die Hälften in eine Gratinform stellen und mit der Reismasse füllen. Mit Mandelmus und Olivenöl beträufeln. Im Ofen für 30-40 Minuten backen.

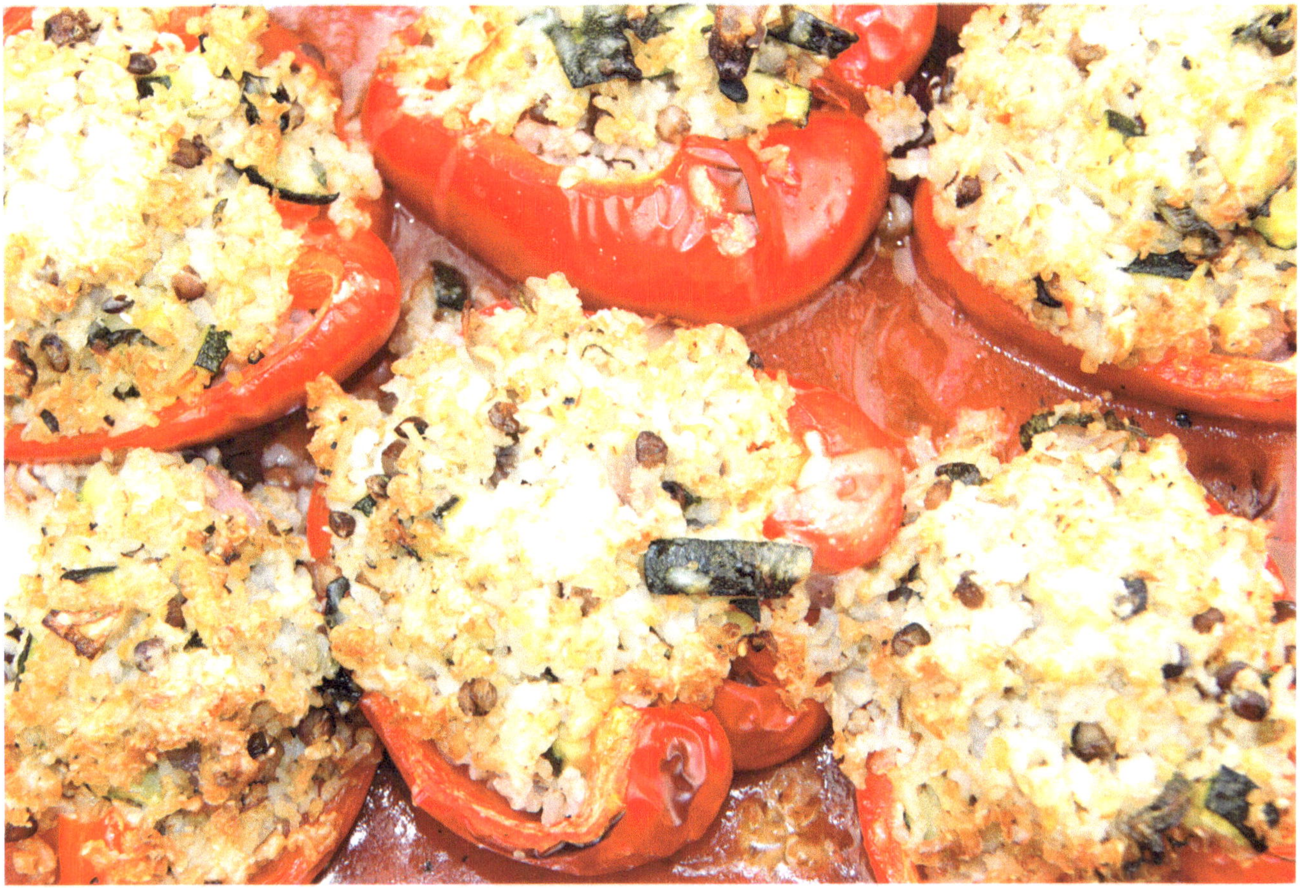

# Limetten-Joghurt

DIESE FRISCHE SAUCE PASST ZU VIELEN SOMMERGERICHTEN UND VERLEIHT IHNEN EINE SPANNENDE ORIENTALISCHE NOTE.

1 Bio-Limette
180 g Soja-Joghurt
0.5 TL Kreukümmel, gemahlen
Prise Salz
Frisch gemahlener Pfeffer
1 TL Sesamsamen

Die **Limette** heiss abwaschen. Die Schale zum **Joghurt** reiben und den Saft dazupressen. Gewürze darunter rühren und die Sauce mindestens 30 Minuten kühl stellen. Zum Schluss **Sesam** darüber streuen.

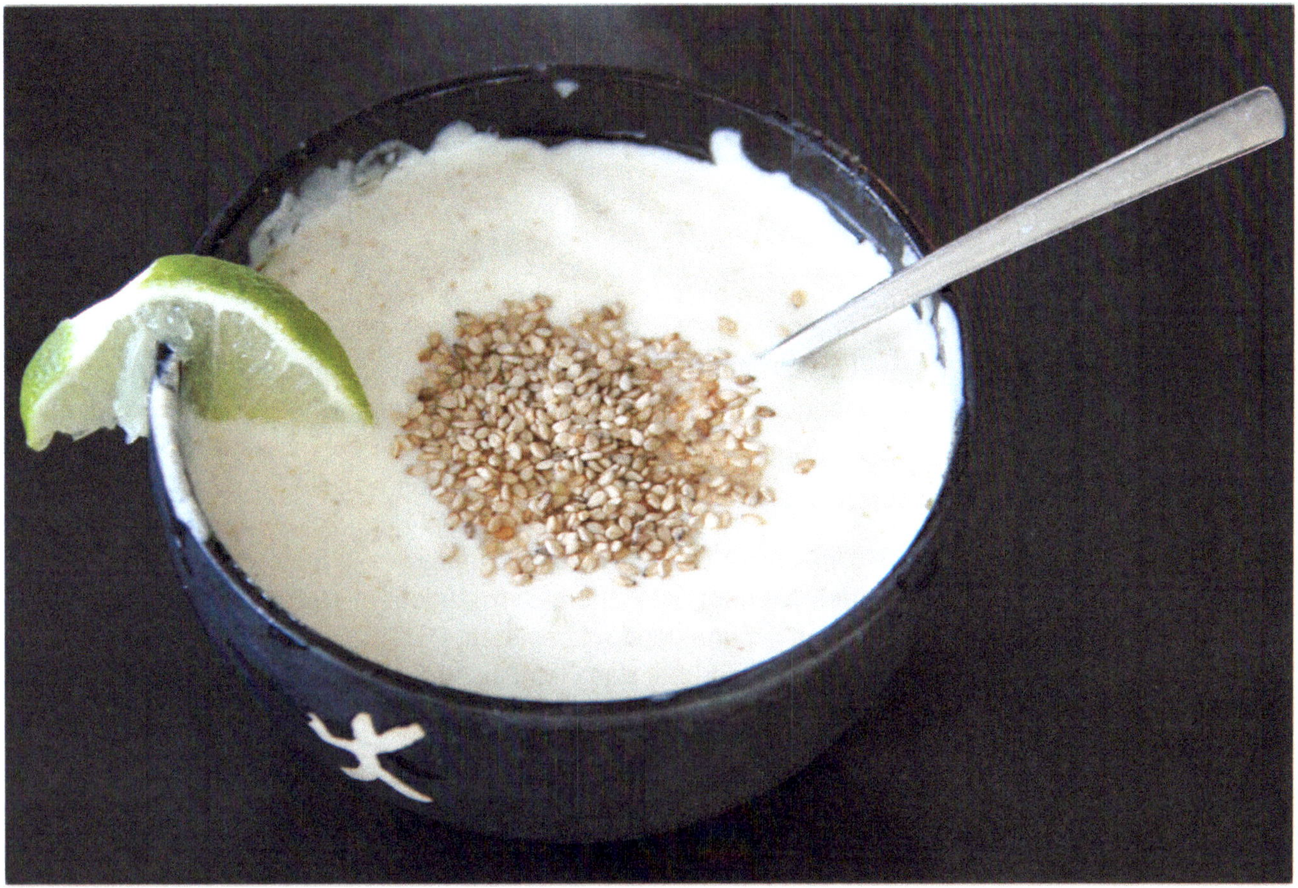

# Herrliche Sommer-Gemüsepfanne

DIESES EINTOPF-GERICHT LÄSST SICH WUNDERBAR VORBEREITEN UND KOCHT SICH DANN GANZ ALLEINE FERTIG. DIE GEMÜSESORTEN KÖNNEN JE NACH VERFÜGBARKEIT ABGEÄNDERT WERDEN. SO SCHMECKEN AUCH KNOLLENSELLERIE, MANGOLD, LAUCH ODER SÜSSKARTOFFELN.

1-2 Frühlingszwiebel
1 Knoblauchzehe
1 EL bratbares Olivenöl
150 g Karotten
200 g Stangensellerie
200 g grüne - oder Stangenbohnen
200 g neue Kartoffeln
200 g Fenchel
2.5 dl Wasser
1 TL Salz
5 Tomaten (oder eine Dose Bio-Tomaten, gehackt)
0.5 Bund Petersilie
Salz
Frisch gemahlener Pfeffer

**Zwiebeln** schälen und fein hacken. **Knoblauch** schälen, entkeimen und fein hacken. **Olivenöl** in einer hohen Pfanne heiss werden lassen und beides darin langsam andünsten. Unterdessen **Karotten** schälen und in ca. 1 cm dicke Scheiben schneiden. **Stangensellerie** waschen und in ca. 3 cm lange Stücke schneiden. **Bohnen** waschen und rüsten. **Kartoffeln** waschen und vierteln (grosse Kartoffeln achteln). **Fenchel** waschen und in 1 cm dicke Scheiben schneiden. Das ganze Gemüse in die Pfanne geben, kurz andünsten und mit dem Wasser ablöschen. **Salz** beigeben. **Tomaten** in ca. 2 cm grosse Würfel schneiden und beifügen. **Petersilie** waschen, Blätter fein hacken und über das Gemüse streuen. Deckel auf die Pfanne setzen und das ganze 45 Minuten bei kleinem Feuer garen. Zum Schluss mit Salz und **Pfeffer** abschmecken.

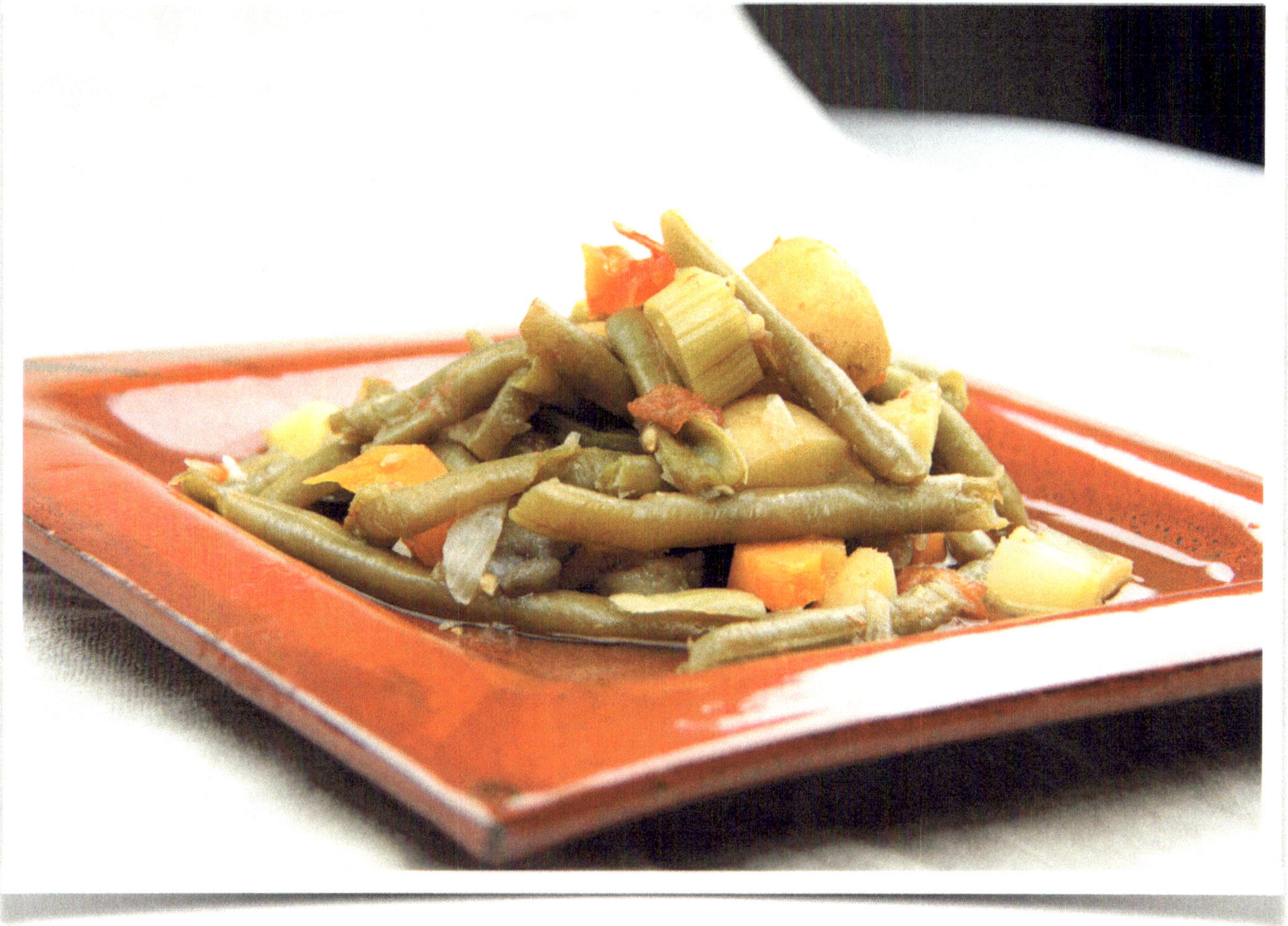

# Gedämpfter Ofenfenchel mit Tomaten und Oliven

DIESES GERICHT EIGNET SICH ALS BEILAGE ZU GRILLIERTEM ODER ZU JEGLICHEN GETREIDESORTEN, REIS ODER PASTA. ANSTATT FLEISCHTOMATEN KÖNNEN AUCH COCKTAILTOMATEN VERWENDET WERDEN.

3-4 Fenchel
4-5 Fleischtomaten
20 Kalamataoliven
1 EL bratbares Olivenöl
1-2 EL Sesam
2-3 Zweige Basilikum
Salz
2 EL natives Olivenöl
Frisch gemahlener Pfeffer

Backofen auf 180 Grad Umluft vorheizen.
**Fenchel** waschen, rüsten und längs in ca. 1 cm dicke Scheiben schneiden, im Steamer oder Dampfkorb gar dämpfen und in eine Gratinform füllen.
**Tomaten** waschen, in grobe Stücke schneiden und über den Fenchel geben. **Oliven** entkernen und ebenfalls in die Gratinform geben.
**Olivenöl** und **Sesam** darüber geben und das Gemüse ca. 20 Minuten backen.
Zum Schluss **Basilikum** waschen und Blätter in Streifen über das Gemüse geben. Mit Olivenöl, **Salz** und **Pfeffer** abschmecken.

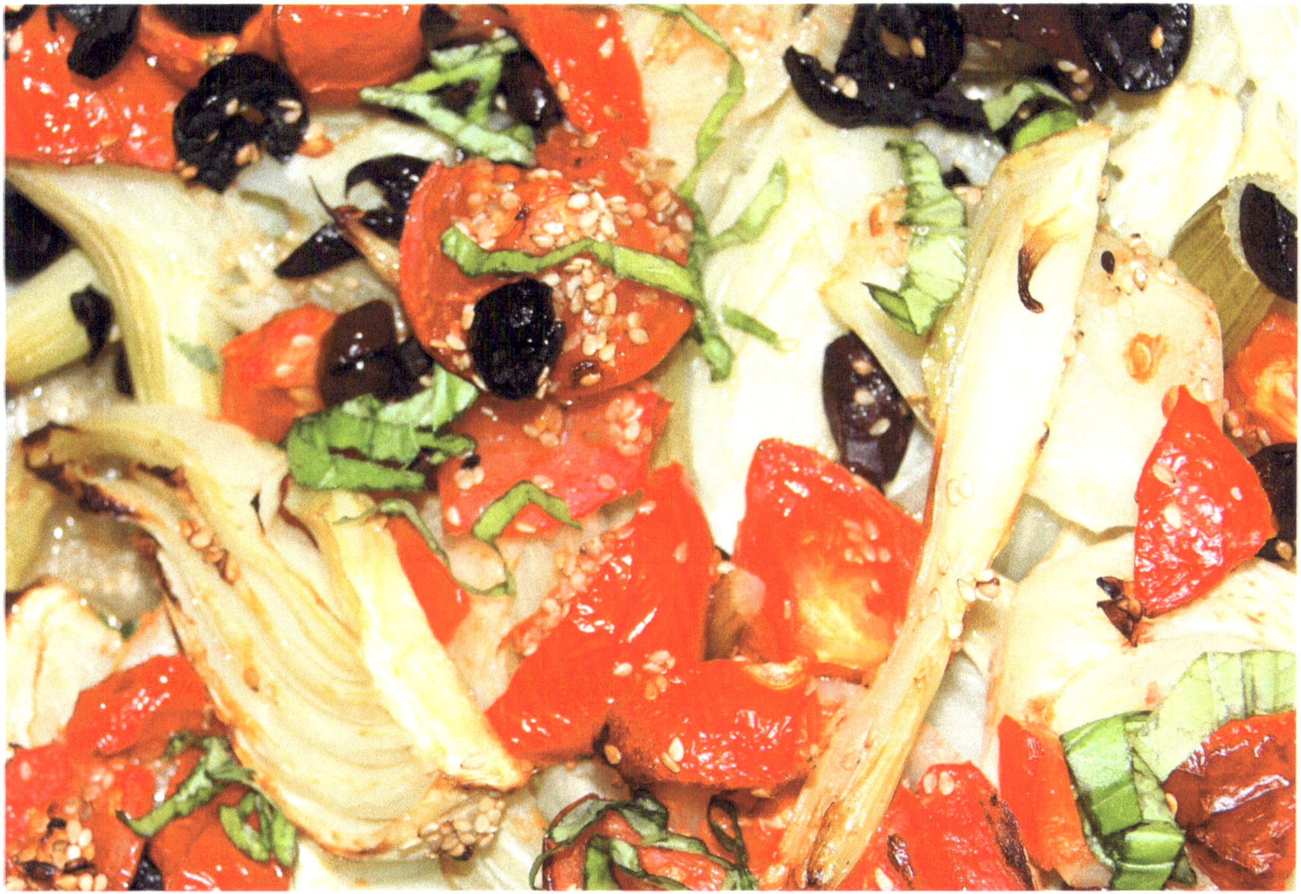

# "Grünes" Limetten-Zitronengras-Curry

DIESES SOMMERLICH LEICHTE CURRY KOMBINIERT VERSCHIEDENE GRÜNE GEMÜSE MIT FRISCHEM ZITRONENGRAS UND LIMONENSAFT.

1-2 EL Kokosöl
1 cm Ingwer
1 Knoblauch
1 frischer Zitronengrasstängel
1 TL Kreuzkümmel, gemahlen
1 TL Kurkuma, gemahlen
1 Msp. Asa Foetida
1 TL Curryblätter
2 EL Cashewmus
2 dl Wasser
2 Lauchstangen
1 mittlerer Brokkoli
1 mittlerer Knollensellerie
100 g Kichererbsen (Glas)
400 ml Kokosmilch
1-2 TL Salz
1 Bio-Limette
2 EL Kokosraspeln

In der Wok-Pfanne das **Kokosöl** erhitzen. **Ingwer** waschen und mit der Schale an der Zitronenraffel zum Kokosöl reiben. **Knoblauch** schälen, entkeimen, fein hacken und ebenfalls mit dünsten. Den **Zitronengrasstängel** schälen, in feine Ringe schneiden und in die Wok-Pfanne geben. Alle Gewürze bis und mit den **Curryblättern** zugeben und alles bei mittlerer Hitze ein paar Minuten dünsten. **Cashewmus** dazugeben und mit Wasser ablöschen. Hitze zurückstellen.
**Lauch** waschen, der Länge nach vierteln und dann in 1 cm grosse Stücke schneiden. **Brokkoli** waschen und in kleine Rösschen teilen. **Sellerie** schälen und in 1 cm grosse Würfel schneiden. Das Gemüse in den Wok geben und zugedeckt ca. 10 bis 15 Minuten weich garen. **Kichererbsen** abspülen und zum Gemüse geben. **Kokosmilch** beigeben und mit **Salz** abschmecken. Nochmals kurz köcheln lassen und zum Schluss den Saft der **Limette** und die **Kokosraspeln** dazugeben.

Dazu passt Vollkorn-Basmatireis.

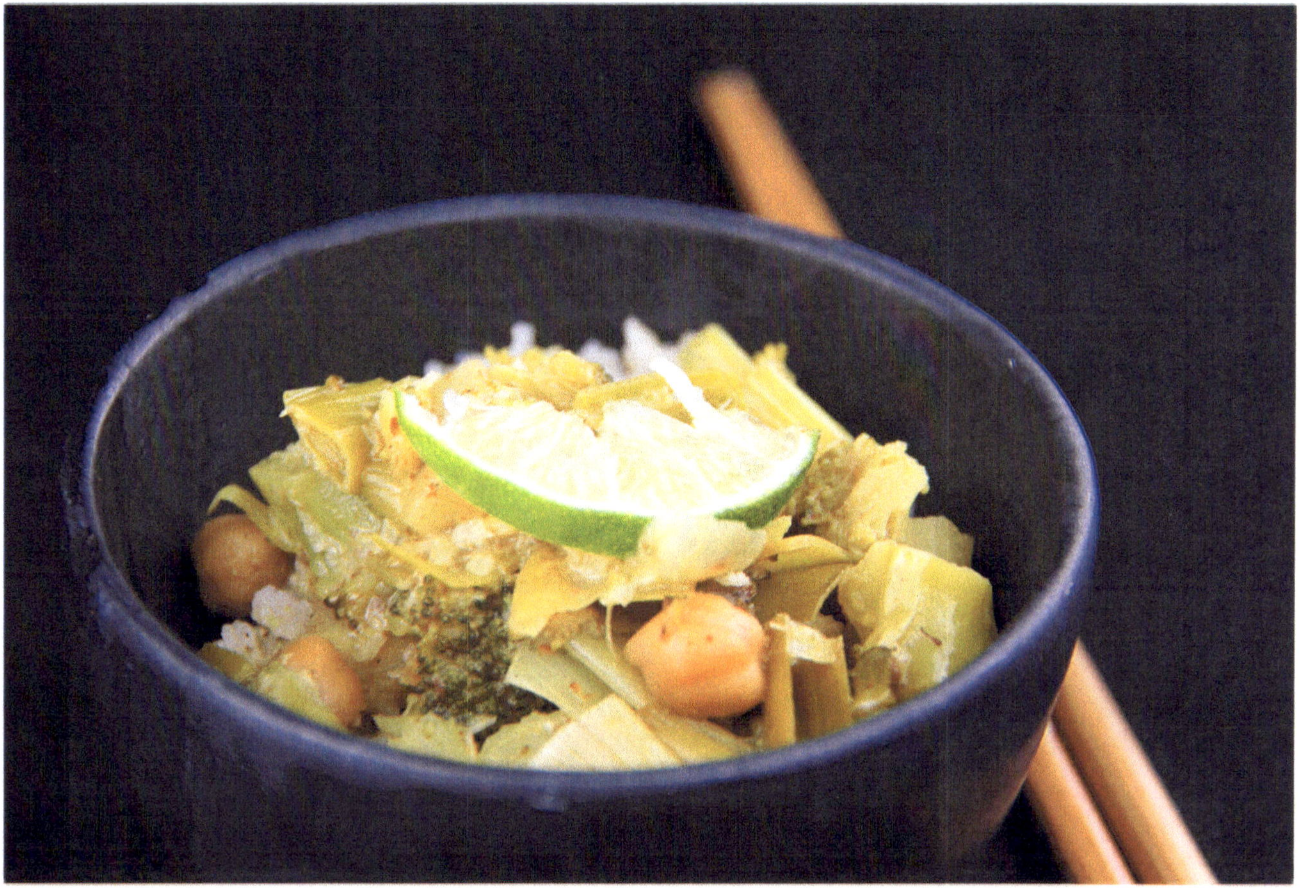

# Farbiger Grünkern mit Kürbiskernöl

Wer neben Couscous, Bulgur und Quinoa etwas anderes Vollwertiges probieren will, kann mit Grünkern nur gewinnen. Grünkern bleibt herrlich bissfest und kann so auch ein bis zwei Tage im voraus zubereitet werden.

250 g Grünkern
2-3 EL bratbares Olivenöl
1 Frühlingszwiebel
1 Knoblauchzehe
1-2 rote Paprika
250 g Champignons
4 EL Kürbiskerne
2 EL Sesam
1 Bio-Zitrone
2-4 EL sehr gutes Olivenöl
1 EL Kürbiskernöl
Salz
Frisch gemahlener Pfeffer

Den **Grünkern** über Nacht einweichen, abgiessen, mit frischem Wasser spülen und in einer Pfanne mit der doppelten Menge Wasser ca. 30 Minuten gar kochen.
Unterdessen in einer Bratpfanne **Olivenöl** erwärmen. **Zwiebel** fein hacken. **Knoblauch** schälen, entkeimen und fein hacken. Beides im Öl bei mittlerer Hitze anbraten. **Paprika** waschen, entkernen, in kleine Würfel schneiden und mitbraten. **Pilze** kurz abspülen, in Würfel schneiden und zum Gemüse geben. Alles goldbraun anbraten. Fertiger Grünkern zum Gemüse geben und alles gut mischen. **Kürbiskerne** und **Sesam** untermischen. Die Schale der gewaschenen **Zitrone** dazureiben und Saft dazupressen. Öl, **Salz** und **Pfeffer** untermischen. Mindestens 15 Minuten ziehen lassen.

Dazu passt ein grüner Salat mit frischen Radieschen.

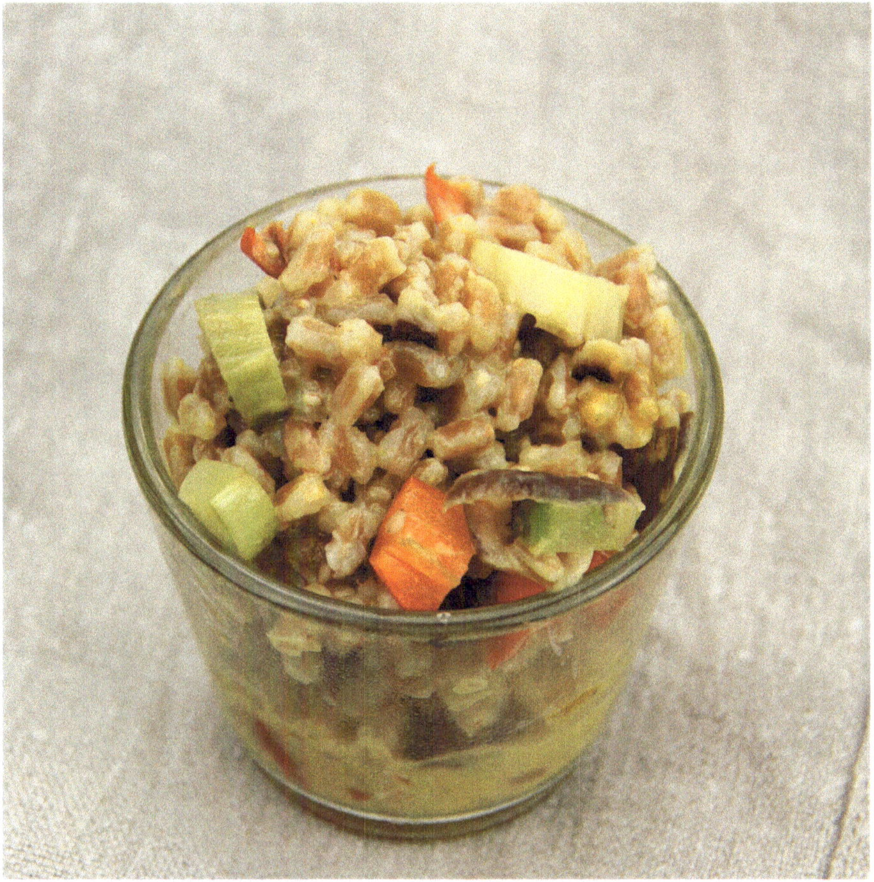

# Mandel-Kokos-Creme mit frischen Beeren

Ein herrlich frisches und leichtes Dessert - genau das Richtige für laue Sommerabende oder als z'Vieri für beerenverliebte Sprösslinge.

250 g Mandel-Schlagcreme
1 Bio-Limette
1 EL (roher) Agavendicksaft (ersatzweise Apfeldicksaft oder Ahornsirup)
2 EL Kokosmus
Frische Beeren
Pfefferminze

**Mandel-Schlagcreme** in eine Schüssel geben. **Limette** heiss abwaschen und Schale und Saft zur Creme geben. **Agavendicksaft** und **Kokosmus** dazugeben und alles ein paar Minuten mit dem Zauberstab schaumig rühren. Mit frischen **Beeren** und ggf. frischer **Minze** garnieren.

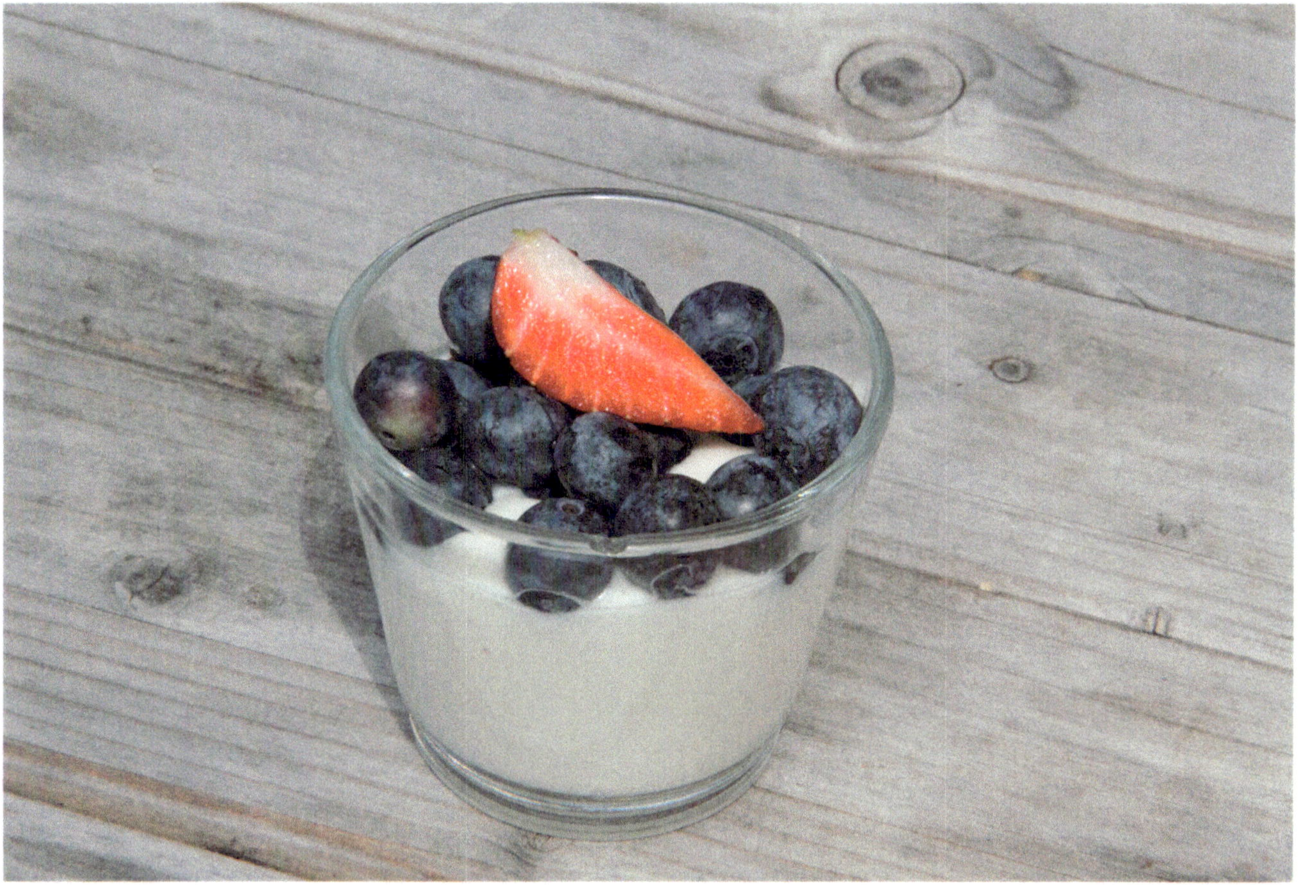

# Kirschen-Kokos-Muffins

DAS GEHEIMNIS DIESER SAFTIGEN MUFFINS IST - NEBEN FRISCHEN FRÜCHTEN - DAS BUCHWEIZENMEHL. ES HÄLT DEN TEIG LOCKER LEICHT UND DER GESCHMACK DER REIFEN KIRSCHEN UND DER KERNIGEN HASELNÜSSEN KANN SICH VOLL ENTFALTEN.

2 EL Leinsamen
6 EL Wasser
100 g Kokosöl
80 g (roher) Agavendicksaft
2 EL Kürbiskerne
1 EL Mohnsamen
100 g geriebene Haselnüsse
100 g Vollkorn-Buchweizenmehl
1 Prise Salz
1 TL Reinweinstein Backpulver
300 g Kirschen

Backofen auf 180 Grad Umluft vorheizen. **Leinsamen** und **Wasser** mit dem Zauberstab pürieren und 10 Minuten stehen lassen. **Kokosöl** weich rühren. **Agavendicksaft** dazugeben und ca. 5 Minuten rühren. Leinsamenmix dazugeben und die Masse ca. 5 Minuten weiter rühren. Alle Zutaten bis auf die Kirschen dazugeben und zu einem weichen Teig verarbeiten. **Kirschen** waschen, entsteinen und vorsichtig mit dem Spachtel unterheben. Den Teig in Muffinförmchen füllen und ca. 30 Minuten auf der zweituntersten Rille backen.

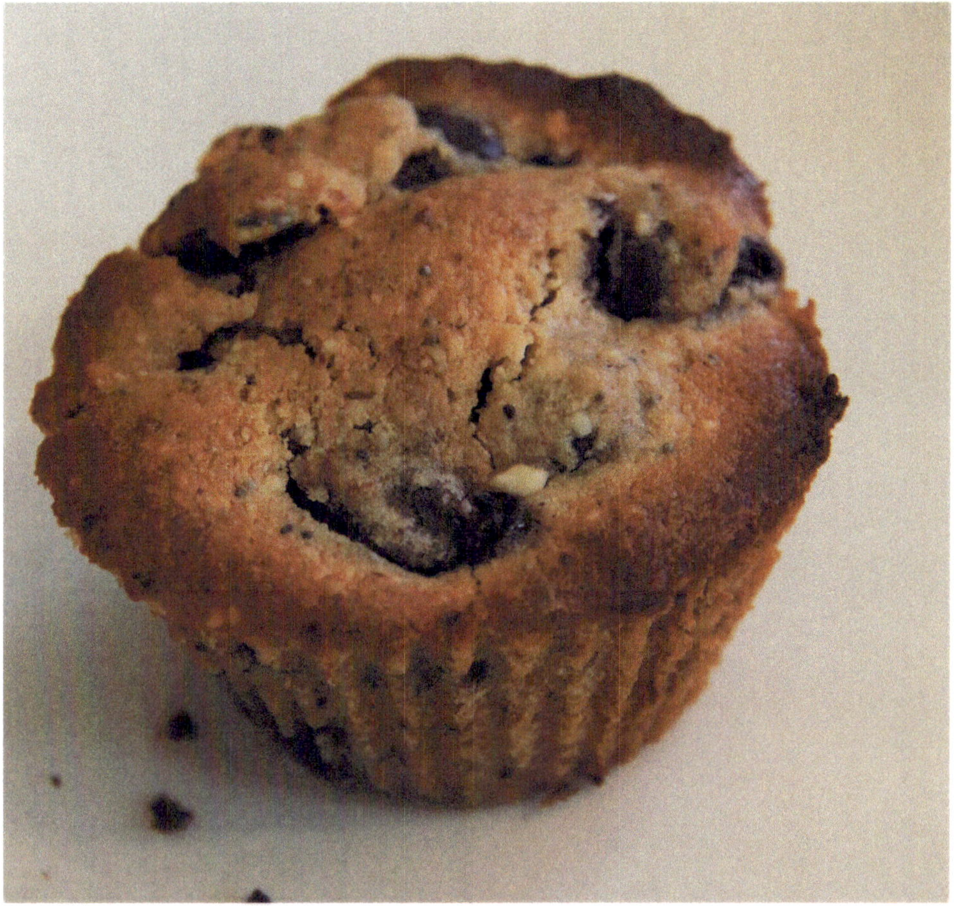

# Herbst

# Inhalt- Herbst

| | |
|---|---|
| Kürbis-Quinoa-Suppe mit Kokosmilch | 114 |
| Karotten-Fenchel-Apfel-Suppe mit Amaranth | 116 |
| Kerniger Federkohlsalat | 118 |
| Couscous mit gebackenen Roten Beeten und Süsskartoffeln | 120 |
| Roter Quinoa mit gebratenen Birnen | 122 |
| Dreierlei-Bohnen-Reis-Auflauf | 124 |
| Spaghetti mit Ofenkürbis | 126 |
| Rustikale Pilz-Spaghetti mit Lauch und Creme fraîche | 128 |
| Orangen-Risotto mit Kürbiskernöl und gebackenen Roten Beete | 130 |
| Herbstragout mit Sellerie-Kokos-Püree | 132 |
| Asiatische Buchweizennudeln mit Mangold | 134 |
| Süsskartoffel-Gnocchi mit Apfelschnitzen | 136 |
| Kartoffel-Champignons-Gratin | 138 |
| Kokosmilch-Pannacotta mit Zimtbirnen | 140 |
| Apfel-Bananen-Muffins | 142 |
| Raw-Chocolate-Chip-Coconut-Muffins | 144 |

# Kürbis-Quinoa-Suppe mit Kokosmilch

*Kein Herbst ohne Kürbisgerichte. Und keine Kürbisgerichte ohne Kürbissuppe. Mittlerweile gibts es unzählige Varianten - diese hier überzeugt durch die duftenden Gewürze und dem nussigen Aroma von Quinoa.*

2-3 cm Ingwerwurzel
1 rote Zwiebel
1 EL Kokosöl
1 TL Kreuzkümmel, ganz
1 TL Schwarzkümmel, ganz
1 TL Kurkuma, gemahlen
ca. 1.5 kg Butternusskürbis (vor dem Rüsten gewogen)
Wasser
Misobrühe
50 g Quinoa, weiss
2 dl Kokosmilch
Salz
Frisch gemahlener Pfeffer

**Ingwer** waschen und mit Schale fein reiben. **Zwiebel** schälen und fein hacken. **Kokosöl** in einer Pfanne erhitzen und **Ingwer** und **Zwiebel** darin andünsten. Alle Gewürze dazugeben und kurz mit dünsten. Unterdessen **Kürbis** schälen und in grosse Würfel schneiden. In die Pfanne geben und mit Wasser auffüllen bis die Kürbisstücke gerade bedeckt sind. Misobrühe dazugeben. **Quinoa** gut spülen und ebenfalls in die Pfanne geben. Das Ganze auf mittlerer Hitze zugedeckt ca. 20 Minuten kochen bis der Kürbis weich ist. **Kokosmilch** dazugiessen und alles fein pürieren. Mit **Salz** und **Pfeffer** abschmecken.

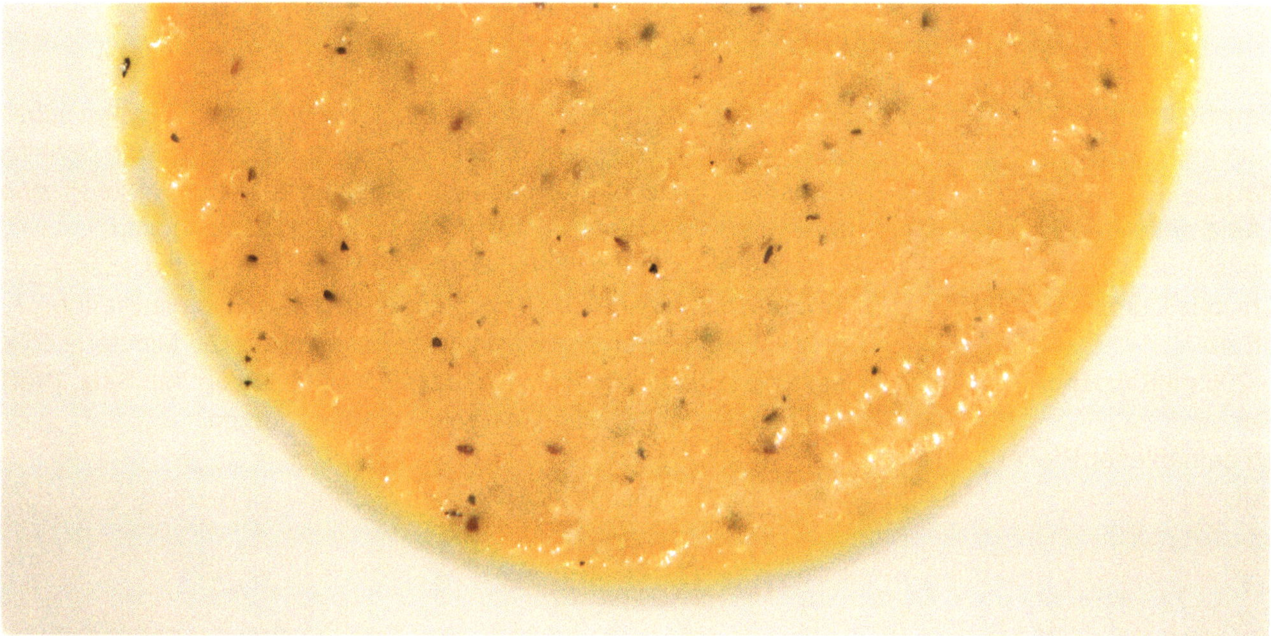

# Karotten-Fenchel-Apfel-Suppe mit Amaranth

AMARANTH IST - NEBEN SEINEM HOCHWERTIGEN BEITRAG ZU UNSERER GESUNDHEIT - WUNDERBAR GEEIGNET, JEDE SUPPE SÄMIG WERDEN ZU LASSEN. KOMBINIERT MIT KAROTTEN, FENCHEL UND APFEL ENTSTEHT EINE NICHT ALLTÄGLICHE SUPPE.

1-2 Fenchelknollen
4-5 Karotten
1 Apfel
60 g Amaranth
1 kleines Stück Ingwer
1 EL mildes Currypulver
1 TL Salz
100 - 200 ml Kokosmilch
Salz
Frisch gemahlener Pfeffer
Sesam

**Fenchel** waschen und in grosse Stücke schneiden. **Karotten** schälen und in Stücke schneiden. **Apfel** waschen, entkernen und in Schnitze schneiden. Fenchel-, Karotten und Apfelstücke in eine weite Pfanne geben und mit Wasser auffüllen bis sie knapp bedeckt sind. Aufkochen und auf mittlere Hitze zurück schalten. Unterdessen **Amaranth** in einem feinen Sieb gut abspülen und in die Pfanne geben. Ebenso den Ingwer und die Gewürze. Ca. 20 Minuten köcheln lassen und dann pürieren. **Kokosmilch** unterrühren. Mit **Salz**, **Pfeffer** und **Curry** abschmecken und mit **Sesam** garnieren.

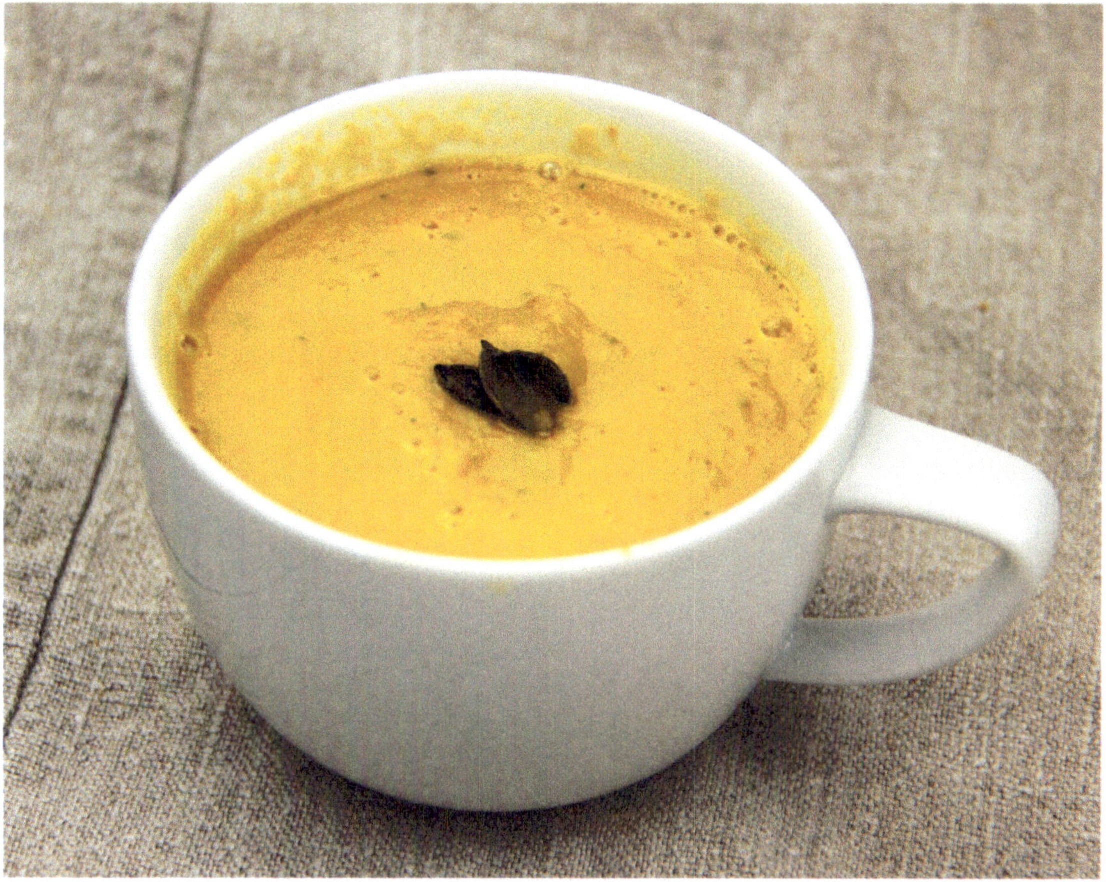

# Kerniger Federkohlsalat

HIER EIN BLITZSCHNELLER FEDERKOHLSALAT, DER ZU FAST ALLEM PASST. ÜBRIGENS SCHMECKT ER ZWEI, DREI TAGE SPÄTER MINDESTENS SO GUT.

6-8 Federkohlblätter (je nach Grösse)
2 EL Cashewnüsse
2 EL Sonnenblumenkerne
2 EL Kürbiskerne
2 EL Sesam
4 EL extra vergine Olivenöl
2 EL Walnussöl
0.5 Knoblauchzehe
1-2 Zitronen
0.5 TL Kreuzkümmel, gemahlen
0.5 Bund Petersilie
Natives Olivenöl
1 TL Salz
Frisch gemahlener Pfeffer

**Federkohl** waschen und sehr fein hacken oder in der Küchenmaschine zerkleinern. Alle **Kerne** ohne Fett in einer Bratpfanne kurz anrösten. In einer Salatschüssel alle weiteren Zutaten mischen und zusammen mit dem Federkohl und den Kernen vermengen. Gut 10 Minuten ziehen lassen. Nach Geschmack mit nativem **Olivenöl**, **Zitronensaft**, **Salz** und **Pfeffer** abschmecken.

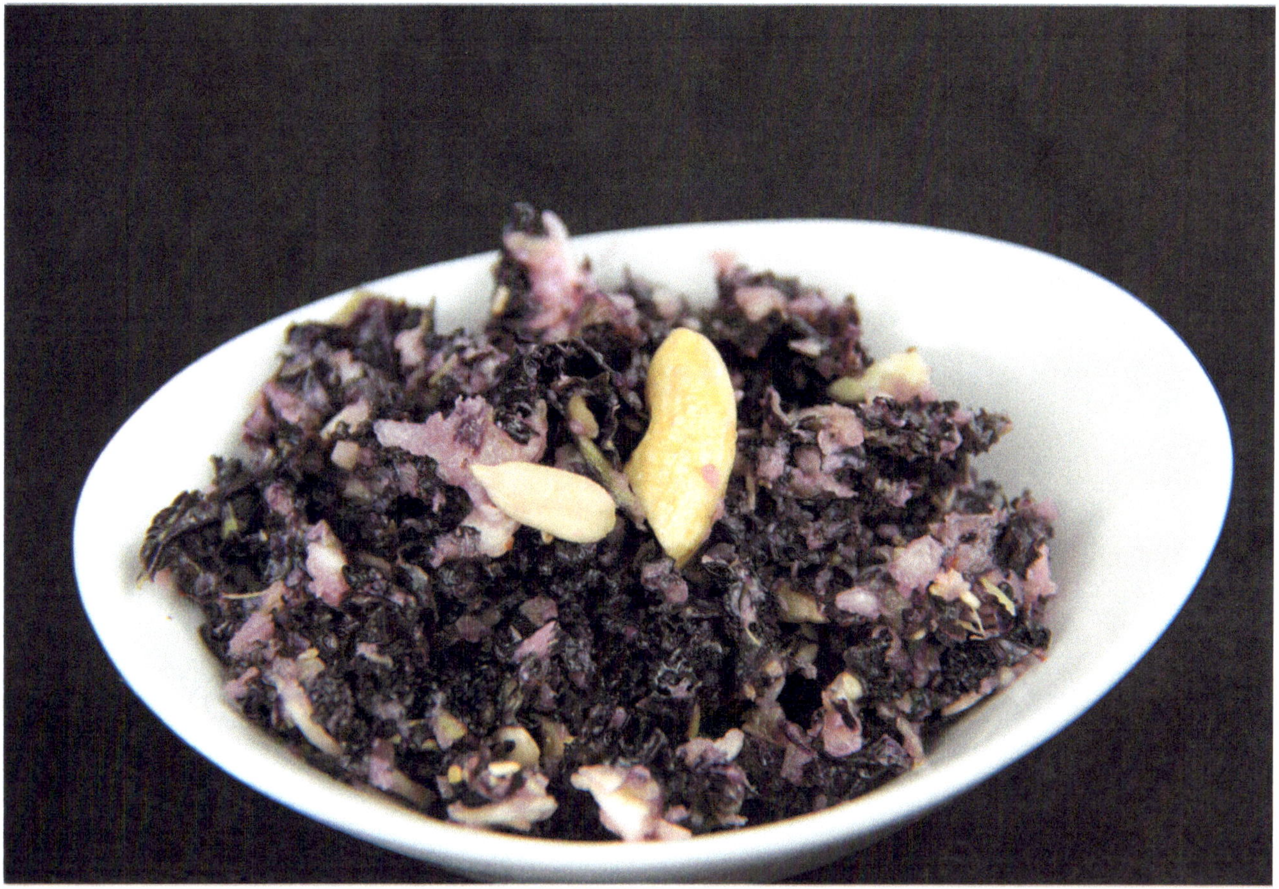

# Couscous mit gebackenen Roten Beeten und Süsskartoffeln

DIESES FEINE COUSCOUS KANN MIT ALLEN MÖGLICHEN GEMÜSEN UND GETREIDEN ZUBEREITET WERDEN. IM SOMMER SCHMECKEN PAPRIKA, ZUCCHINI UND AUBERGINEN TOLL; IM WINTER KARTOFFELN, KAROTTEN UND ROTE BEETEN. ANSTATT COUSCOUS EIGNEN SICH BULGUR, QUINOA, HIRSE, REIS ODER PASTA.

700 g Süsskartoffel
2 Rote Beeten
4 EL bratbares Olivenöl
1 TL Salz
2-3 Zweige Salbei
300 ml Wasser
250 g Vollkorn Couscous
3 EL natives Olivenöl
1 Bio-Zitrone
2 TL mildes Currypulver
Salz

Den Ofen auf 180 Grad Umluft vorheizen.
Die **Süsskartoffeln** und **Roten Beeten** schälen und in kleine Würfel schneiden. Das Gemüse in eine Gratinform geben und mit **Olivenöl** und **Salz** bestreuen. Die **Salbeiblätter** waschen, in feine Streifen schneiden und über das Gemüse geben. Das Gemüse gut 30 Minuten im Ofen garen. Nach ca. 15 Minuten umrühren. Die Gemüsewürfel sollten bissfest und leicht gebräunt sein.
**Couscous** in eine Schüssel geben. Das **Wasser** aufkochen und über den Couscous geben. Umrühren und das Ganze 10 Minuten stehen lassen. Olivenöl untermischen. Die **Zitrone** heiss abwaschen und die Schale zum Couscous reiben. Den Saft der Zitrone dazupressen. Mit **Curry** und Salz abschmecken. Zum Schluss die Gemüsewürfel untermischen.
Dieses Gericht passt wunderbar auf ein Brunchbuffet!

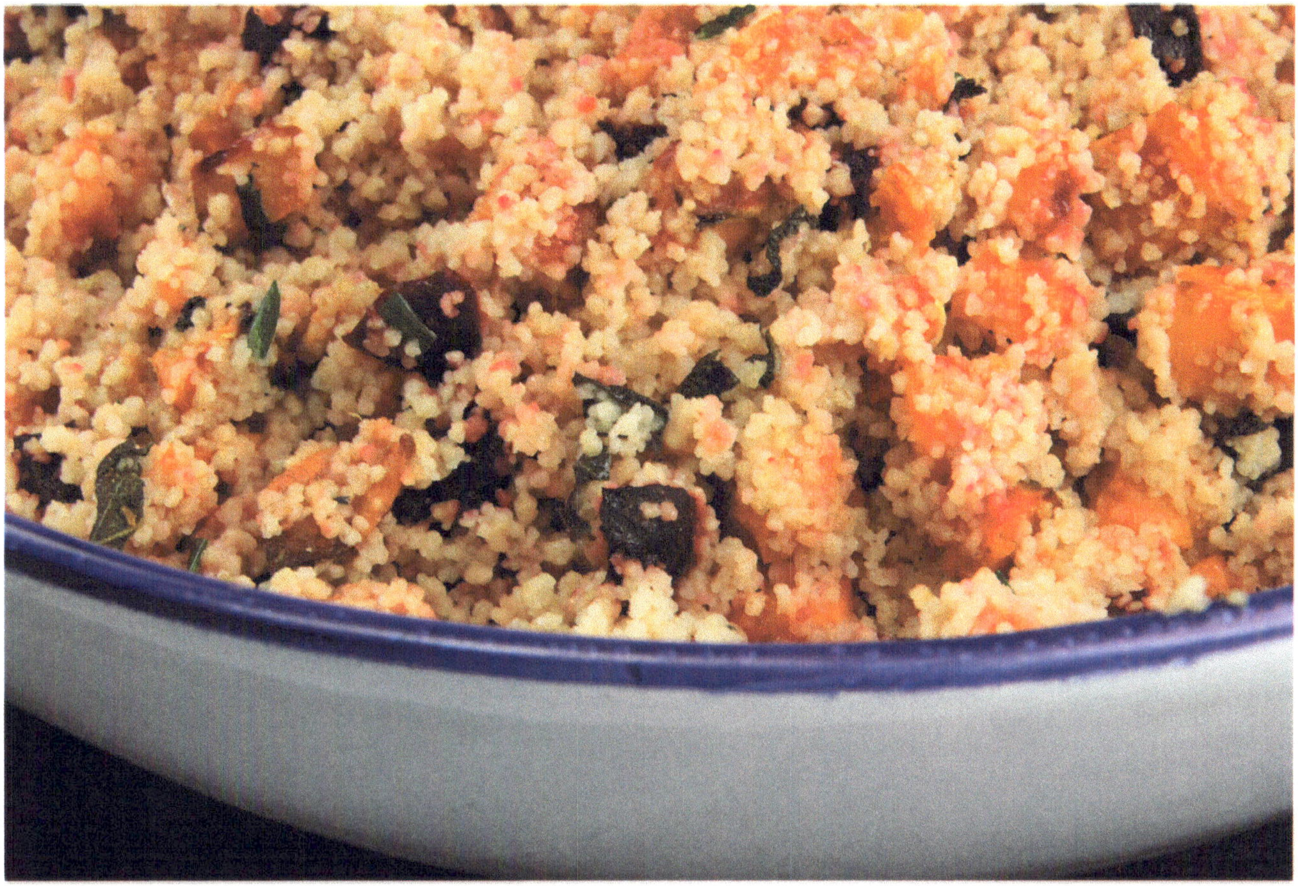

# Roter Quinoa mit gebratenen Birnen

ROTER QUINOA BIETET FARBLICH EINE WILLKOMMENE ABWECHSLUNG IN DER VOLLWERTKÜCHE. FEINE BIRNEN BRINGEN FRUCHTIGE SÜSSE, DIE VON KRÄFTIGEN GEWÜRZEN AUFGEFANGEN WIRD.

250 g roter Quinoa
1 EL dunkles Mandelmus
1 EL milde Currypaste
2 EL Soja-Joghurt
4-6 EL natives Olivenöl
Salz
2-3 EL Sesam
2-3 EL frische Sprossen, gewaschen
2 Birnen
1 Lauchstange
1-2 EL Kokosöl
1 Bio Limette
Salz
Frisch gemahlener Pfeffer

**Quinoa** solange unter fliessendem Wasser spülen, bis das Wasser klar ist. In der doppelten Menge Wasser ca. 20 Minuten gar kochen. Unterdessen aus **Mandelmus**, **Currypaste**, **Joghurt**, **Olivenöl** und **Salz** ein Dressing in einer Salatschüssel rühren. **Sesam** und **Sprossen** darauf geben.
**Birnen** in kleine Würfel schneiden. **Lauch** waschen und in feine Ringe schneiden und zusammen mit den Birnen im **Kokosöl** anbraten.
Quinoa und goldbraune Birnen-Lauch-Masse zum Dressing geben. **Limette** heiss abwaschen und Schale zum Quinoa reiben. Etwas Saft dazugeben und alles gut mischen. Mindestens 15 Minuten ziehen lassen. Mit Salz und **Pfeffer** abschmecken.

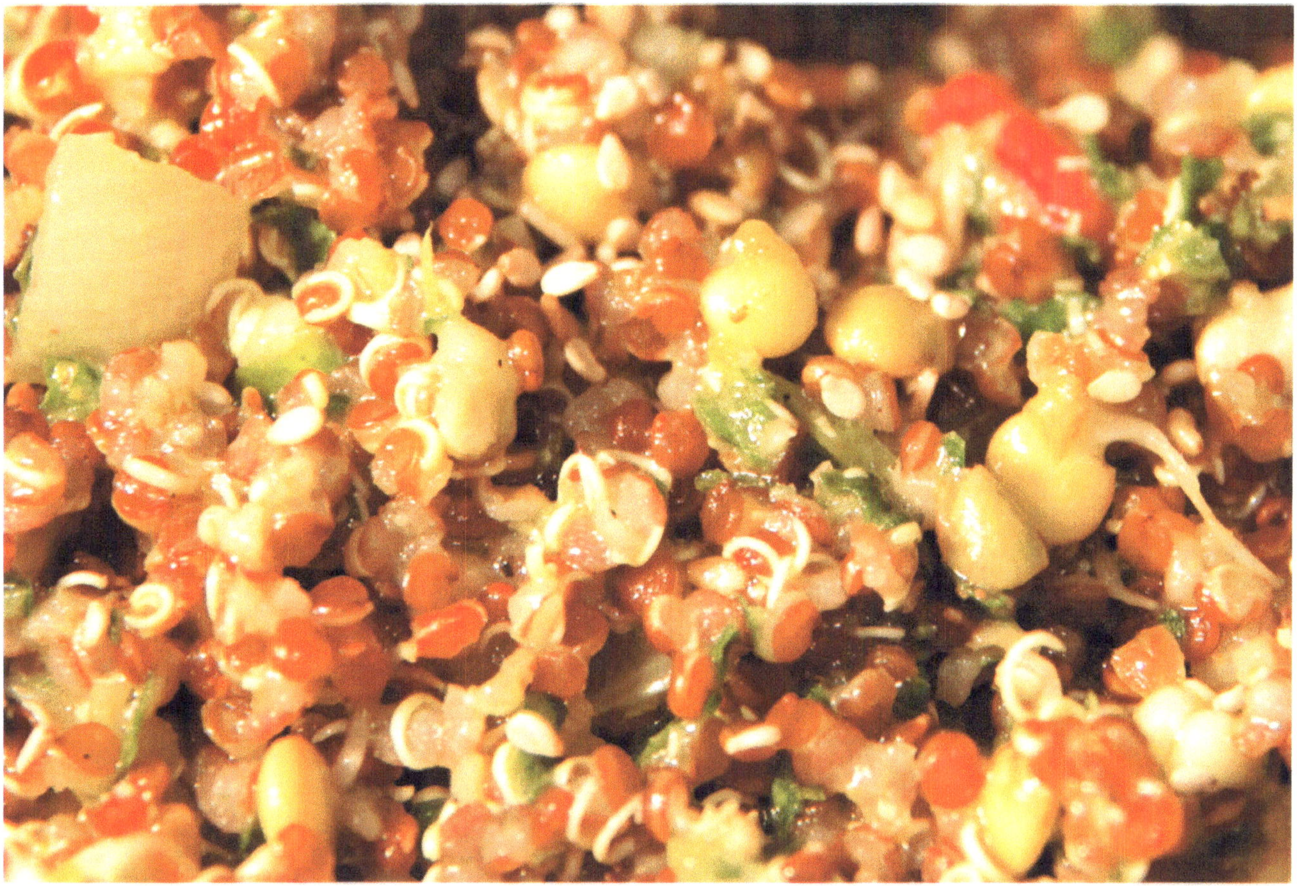

# Dreierlei-Bohnen-Reis-Auflauf

KOMBINIERT LIEFERN UNS BOHNEN UND REIS EIN PFLANZLICHES, PERFEKTES EIWEISS. ZUSAMMEN MIT FRISCHEN PILZEN UND LAUCH ERGIBT SICH EIN LECKERER, WÄRMENDER AUFLAUF.

200 g gemischte getrocknete Bohnen (hier: Adzuki Bohnen, schwarze kleine Bohnen und weisse Dicke Bohnen)
200 g runder Vollreis
2 EL bratbares Olivenöl
2 Lauchstangen
1 Knoblauchzehe
15 Kalamata Oliven
Salz
Frisch gemahlener Pfeffer
200 ml Tomatenpassata
180 g Sojafrischkäse
Natives Olivenöl

**Bohnen** und **Reis** über Nacht einweichen.
Bohnen abschütten und in frischem Wasser ca. 50 Minuten weich kochen und abschütten. Reis ebenfalls abschütten und gemäss Anleitung gar kochen.
Backofen auf 180 Grad Umluft vorheizen.
**Lauch** waschen und klein schneiden. Olivenöl in einer Bratpfanne erhitzen und den Lauch andünsten. **Knoblauch** schälen, entkeimen und fein dazuschneiden. Wenn der Lauch Farbe annimmt, Bohnen und Reis dazugeben. Oliven entkernen und hacken. Zum Reis geben. Das Ganze mit **Salz** und **Pfeffer** abschmecken und in eine Gratinform füllen. **Passata** darüber verteilen und mit **Frischkäse** belegen. Zum Schluss mit **Olivenöl** beträufeln und für ca. 30 Minuten im Ofen überbacken.

Dazu passt ein grüner oder ein Rauke-Salat.

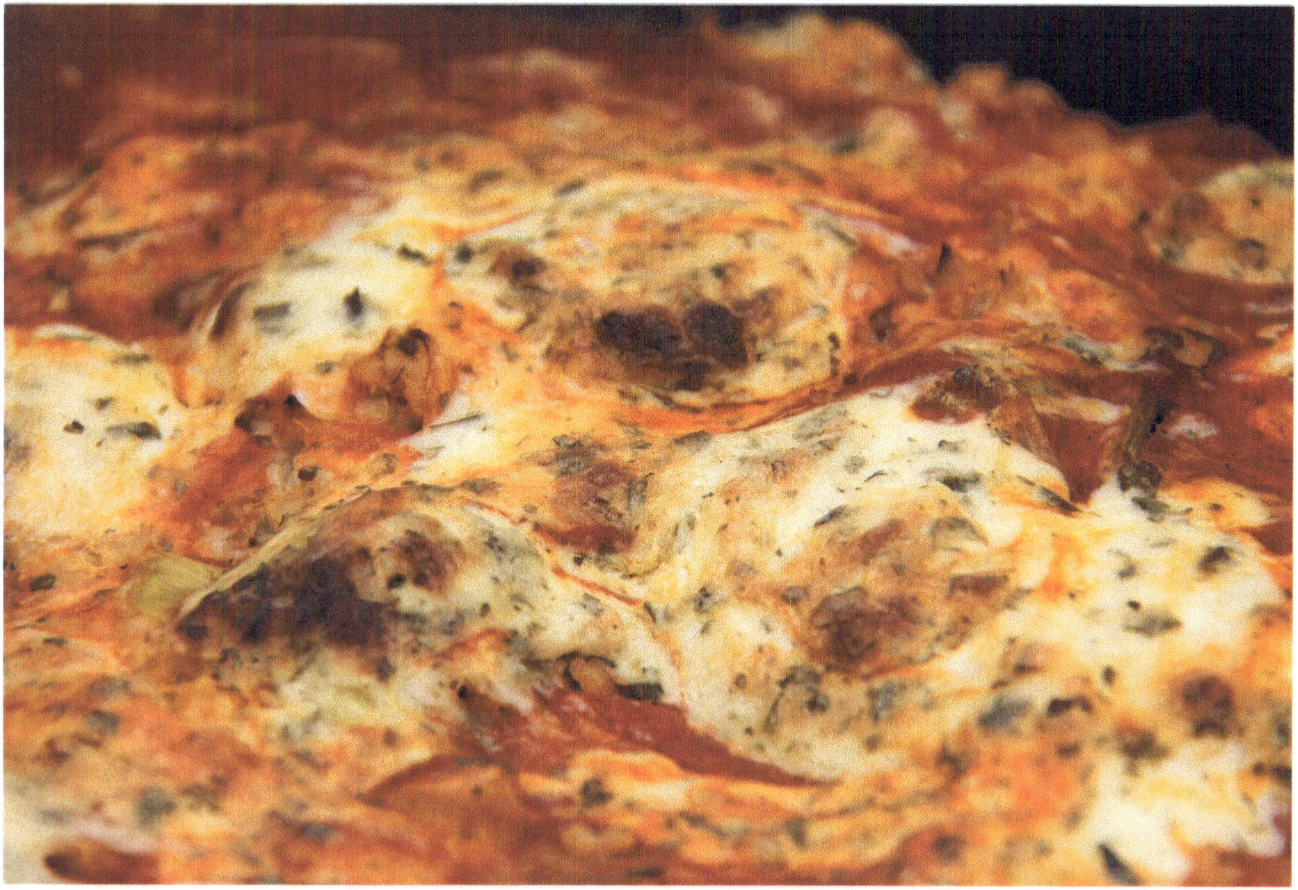

# Spaghetti mit Ofenkürbis

Kürbis karamellisiert leicht beim Backen im Ofen und entwickelt so einen traumhaften Geschmack, der zusammen mit feinen Kräutern und Pinienkernen zur perfekten Herbstpasta-Sauce wird.
Übrigens lässt sich das Gericht rasch vorbereiten und die Sauce kocht sich nach dem Rüsten von selbst.

500 g Muskatkürbis, gerüstet gewogen
1-2 Lauchstangen
1-2 Knoblauchzehen
2 Zweige Rosmarin
2-3 EL Pinienkerne
1-2 TL Salz
4-6 EL bratbates Olivenöl
500 g Vollkornspaghetti
Sehr gutes Olivenöl
Frisch gemahlener Pfeffer

Ofen auf 180 Grad Umluft vorheizen.
**Kürbis** schälen, rüsten, in Würfel schneiden und in eine Gratinform geben. **Lauch** waschen, längs halbieren und in ca. 1 cm breite Stücke schneiden. Lauch zum Kürbis geben. **Knoblauch** schälen, entkeimen, in feine Scheibchen schneiden und in die Form geben. **Rosmarin** abwaschen, die Nadeln fein hacken und zum Gemüse geben. **Pinienkerne**, **Salz** und **Olivenöl** zum Gemüse geben und alles gut mischen. Das Gemüse im Ofen ca. 30 Minuten schmoren lassen. In der Hälfte der Zeit umrühren.
**Spaghetti** nach Anleitung gar kochen, abschütten und in die Gratinform geben. Alles gut mischen. Nach Bedarf sehr gutes Olivenöl darunter mischen. Mit Salz und **Pfeffer** abschmecken.

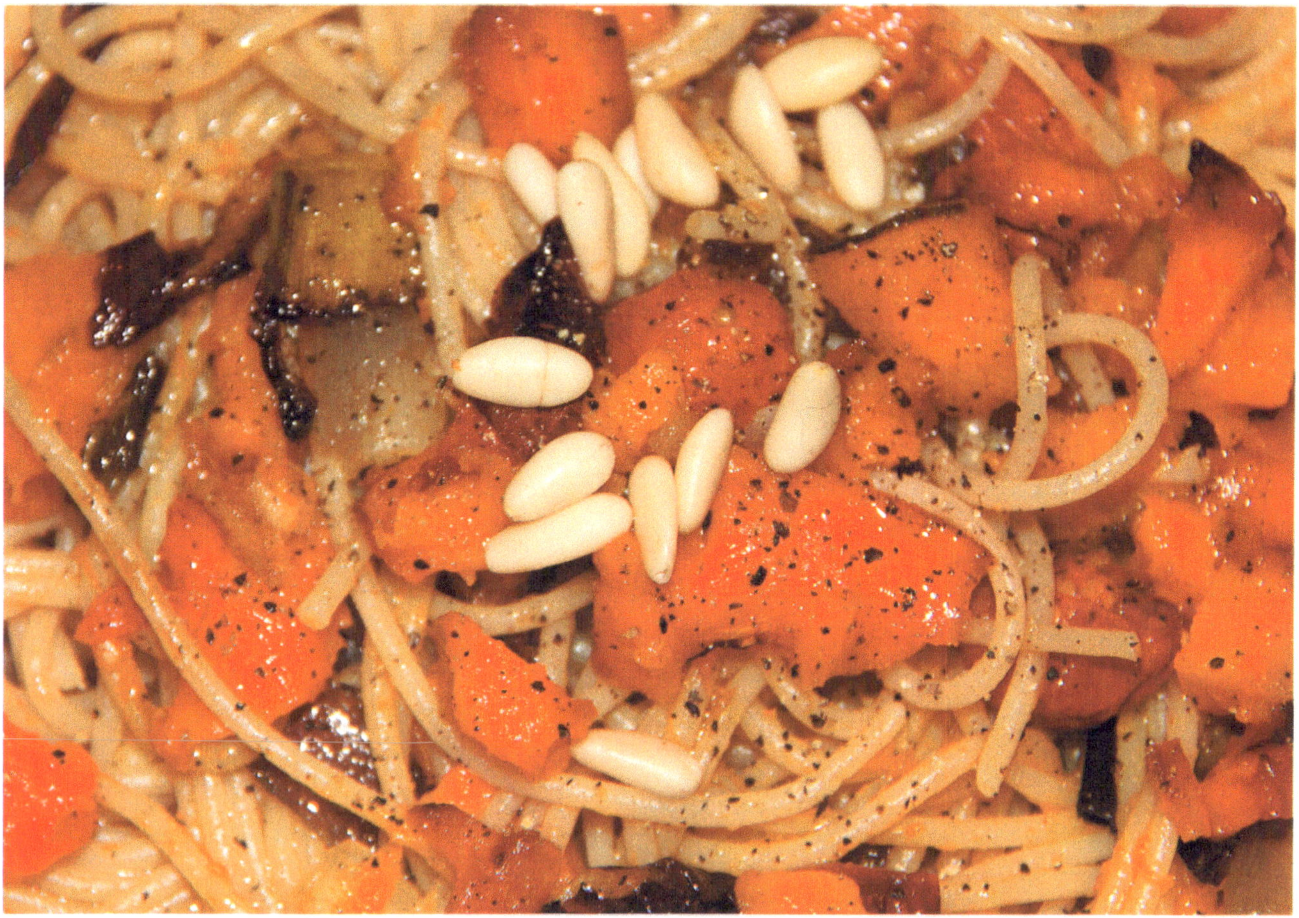

# Rustikale Pilz-Spaghetti mit Lauch und Crème fraîche

EINE ANDERE VARIANTE VON HERBSTPASTA - MIT FRISCHEN CHAMPIGNONS UND LAUCH. ZACKZACK GEMACHT UND HERRLICH IM GESCHMACK.

1-2 Lauchstangen
2 Knoblauchzehen
4 EL bratbares Olivenöl
250 g Champignons
4 Zweige Thymian
Salz
400 g Vollkornspaghetti
Natives Olivenöl
80 g Soja Crème fraîche
Frisch gemahlener Pfeffer

**Lauchstangen** waschen, rüsten und in 1 cm Quadrätli schneiden. **Knoblauch** schälen, entkeimen und in feine Scheiben schneiden. **Olivenöl** in einer Bratpfanne erhitzen und das Gemüse darin anbraten. Unterdessen **Champignons** waschen und vierteln. Ebenfalls in die Pfanne geben und mit braten.
Salzwasser für die Spaghetti erhitzen.
**Thymian** waschen und die Blättchen zum Gemüse geben. Alles so lange braten bis das Gemüse etwas Farbe annimmt. Mit **Salz** abschmecken. Unterdessen **Spaghetti** nach Anleitung gar kochen und abschütten. Spaghetti in die Pfanne geben und mit dem Gemüse mischen. Zusätzlich frisches Olivenöl dazugeben. **Soja Creme fraîche** untermischen und mit frisch gemahlenem **Pfeffer** abschmecken. Sofort servieren.

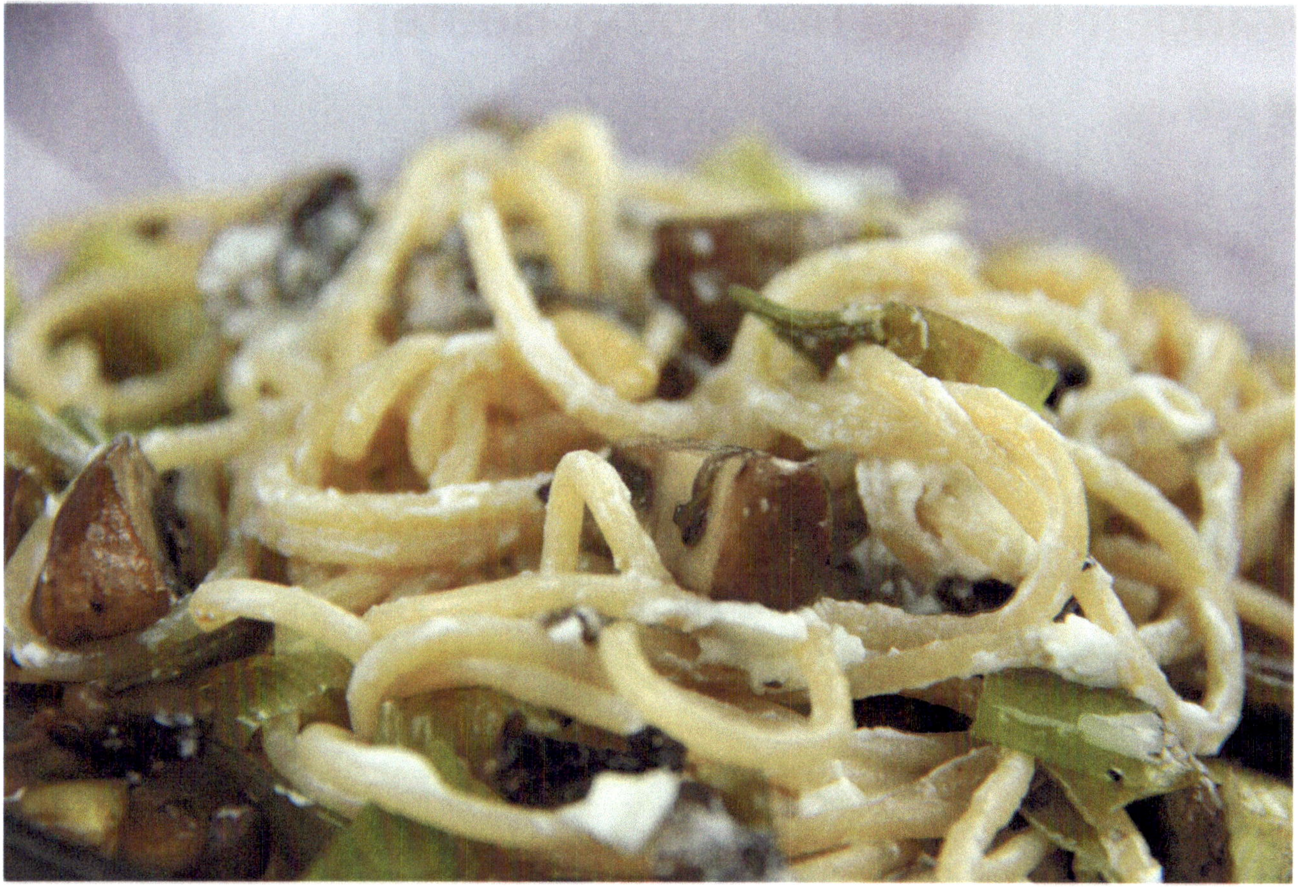

# Orangen-Risotto mit Roten Beeten

EINE SPANNENDE KOMBINATION AUS WARMEN, ERDIGEN ROTEN BEETEN UND HERBER ORANGE. PASSEND ZUR KÜHLEN, RAUEREN JAHRESZEIT.

300 g runder Vollreis
1 Frühlingszwiebel
1 Knoblauchzehe
3 EL bratbares Olivenöl
1 dl Weisswein
7 dl Wasser
1 TL Salz
3-4 Roten Beeten
4 EL bratbares Olivenöl
1 TL Salz
3 Zweige Salbei
1 Bio-Orange
2 EL Kürbiskernöl
1 dl Haferrahm
Salz
Frisch gemahlener Pfeffer

**Reis** wenn möglich über Nacht einweichen. Backofen auf 180 Grad Umluft vorheizen. **Frühlingszwiebel** abwaschen und fein hacken. **Knoblauch** schälen, entkeimen und fein hacken. **Olivenöl** in einem Topf erhitzen und Zwiebel und Knoblauch darin glasig dünsten. Reis abspülen, in den Topf geben und kurz mitdünsten. Mit **Weisswein** ablöschen. **Wasser** und **Salz** dazugeben und ca. 35 Minuten (45-50 Minuten, wenn der Reis nicht eingeweicht wurde) auf kleiner Flamme köcheln lassen. Immer wieder umrühren.
Unterdessen die **Roten Beeten** abspülen und Böden abschneiden. Rote Beeten achteln und in eine Gratinform geben. Öl und Salz darüber verteilen. **Salbei** waschen, in feine Streifen schneiden und über die Roten Beeten geben. Die Roten Beeten im Ofen ca. 30 Minuten backen. Nach 15 Minuten umrühren.
Wenn der Risotto knapp gar ist, die **Orange** heiss abwaschen, Schale zum Reis reiben und Saft dazupressen. **Kürbiskernöl** und **Haferrahm** unterrühren und das Risotto nochmals 5-10 Minuten ziehen lassen. Die Roten Beeten auf dem Reis anrichten. Mit frisch gemahlenem Pfeffer servieren.

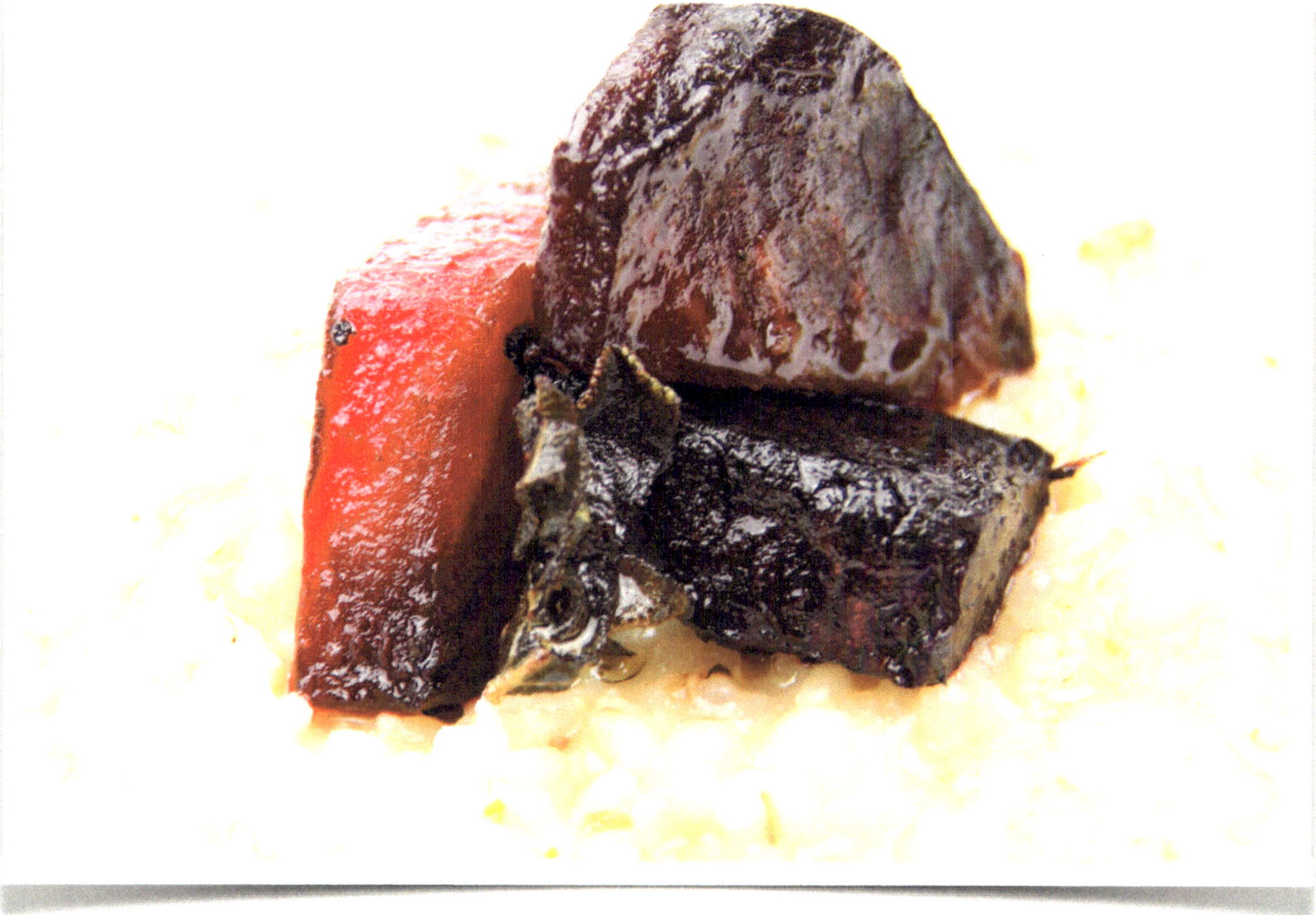

# Herbstragout mit Sellerie-Kokos-Püree

HERZHAFT DÜRFEN DIE GERICHTE NUN SEIN. WIE DIESES CREMIGE SELLERPÜREE MIT KRÄFTIGEM RAGOUT AUS LAUCH UND BIRNEN.

800 g Knollensellerie
300 g mehlig kochende Kartoffeln
200 ml Kokosmilch
Salz
Muskatnuss
Frisch gemahlener Pfeffer
500 g Lauch
3-4 Zweige Rosmarin
3 Zweige Zitronenthymian
2-3 EL bratbares Olivenöl
1-2 EL Pinienkerne
2 reife Birnen
2 dl Wasser
Salz
Frisch gemahlener Pfeffer
1 EL mildes Currypulver
1 TL Kurkuma

**Sellerie** und **Kartoffeln** schälen, in grosse Stücke schneiden und sofort mit etwas Wasser weich kochen. Gemüse abtropfen und mit dem Kartoffelstampfer oder dem Passevite zu Püree verarbeiten. **Kokosmilch** dazugeben und mit **Salz**, **Muskatnuss** und **Pfeffer** abschmecken. **Lauch** waschen und in 1 cm dicke Ringe schneiden. **Rosmarin** und **Thymian** waschen. Olivenöl in einer Bratpfanne erhitzen und Rosmarinnadeln und Thymianblättchen darin andünsten. **Pinienkerne** dazugeben. Lauch beigeben.
**Birnen** waschen, entkernen und in mundgerechte Stücke schneiden und mitdünsten. Mit **Wasser** ablöschen und Gewürze beigeben. Zugedeckt köcheln lassen bis das Gemüse die gewünschte Konsistenz hat.

Das Gemüse mit dem Püree anrichten.

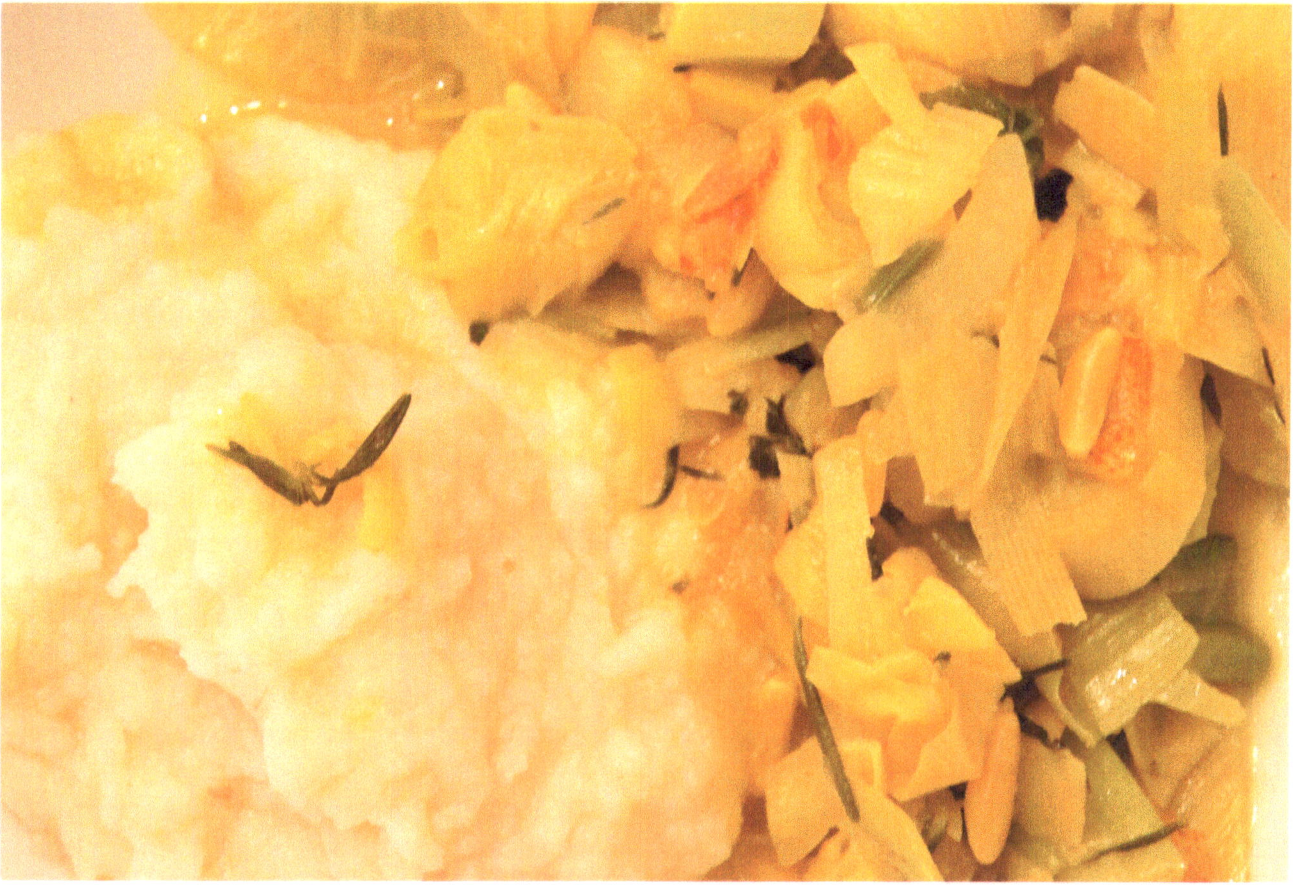

# Asiatische Buchweizennudeln mit Mangold

BUCHWEIZENNUDELN ODER DOBA-NUDELN HABEN EINEN HOHEN GEHALT AN EIWEISS UND VITAMIN B UND SIND EINE SCHMACKHAFTE ALTERNATIVE ZU REISNUDELN.

1 rote Zwiebel
1 Knoblauchzehe
1 grosser EL Kokosöl
1 cm Ingwerwurzel
1 cm Kurkumawurzel
1 roter Chili
1 TL Garam Masala
1 Lauchstange
250 g Champignons
125 g frische Sprossen
1 mittlerer Mangold
2 dl Wasser
2-3 EL roter Quinoa
1 TL Meer- oder Salz
300 g Buchweizennudeln
2-3 EL Cashewnüsse
2-3 EL Sojasauce

**Zwiebel** schälen und fein hacken. **Knoblauch** schälen, entkeimen und fein hacken. **Kokosöl** in einer Wok Pfanne erhitzen und Zwiebeln und Knoblauch bei mittlerer Hitze andünsten. **Ingwer** und **Kurkuma** abwaschen und mit der Käsereibe in die Wok Pfanne reiben. **Chili** waschen, ggf. entkernen, klein schneiden und beigeben. **Garam Masala** dazugeben und das Ganze ca. 5 Minuten bei mittlerer Hitze weiter dünsten. **Lauch** waschen, längs halbieren und quer 1 cm dicke Stücke schneiden. **Pilze** waschen und vierteln und beides in die Wok Pfanne geben. **Sprossen** abwaschen. **Mangold** waschen und quer in Streifen schneiden. Alles in den Wok geben. Gut andünsten und mit Wasser ablöschen. **Quinoa** im Sieb solange spülen bis kein "Schaum" mehr entsteht. **Salz** dazugeben und zugedeckt bei mittlerer Hitze köcheln lassen bis das Gemüse gar ist.
**Buchweizennudeln** gemäss Anleitung kochen, abschütten und in den Wok geben.
**Cashewnüsse** separat ohne Fett rösten und ebenfalls untermischen. Die Nudeln nochmals erhitzen und **Sojasauce** beigeben.

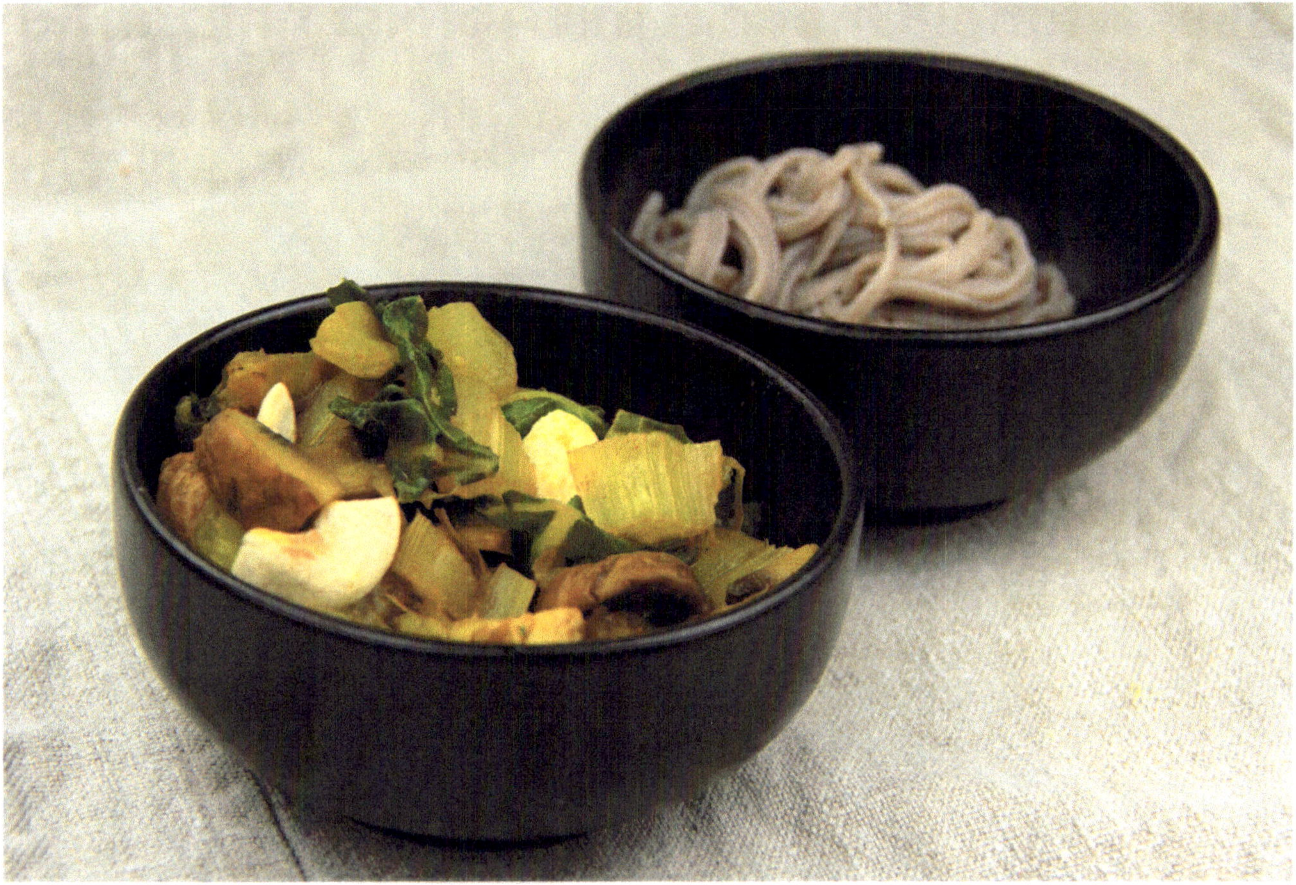

# Süsskartoffel-Gnocchi mit Apfelschnitzen

GNOCCHI SELBER MACHEN IST EINE EHER AUFWÄNDIGE ANGELEGENHEIT. VOR ALLEM DANN, WENN WIR SCHÖN GEFORMTE WUNDERWERKE ERWARTEN. SIND WIR ABER MIT KLEINEN, UNREGELMÄSSIGEN HÄPPCHEN ZUFRIEDEN, BRAUCHT DIE HERSTELLUNG GAR NICHT SO VIEL ZEIT. HIER EINE WUNDERBARE VARIANTE AUS SÜSSKARTOFFELN KOMBINIERT MIT GEBRATENEN APFELSCHNITZEN.

400 g Süsskartoffeln
200 g Weizenvollkornmehl
130 g Maisstärke
1 TL Salz
1 EL Kokosöl
2 süssliche Äpfel
0.5 TL Zimt, gemahlen
3-4 EL bratbares Olivenöl
1 -2 EL Sesam

Backofen auf 160 Grad vorheizen. Die **Süsskartoffeln** auf ein mit Backpapier belegtes Blech legen und im Ofen 60 Minuten backen. Etwas auskühlen lassen und schälen. Zusammen mit allen anderen Zutaten im Mixer zu einem geschmeidigem Teig verarbeiten. Teig mit etwas Mehl auf einem Küchenbrett ca. 1 cm dick ausstreichen und mit einem Messer in mundgerechte Würfel schneiden.
In einer breiten Pfanne gesalzenes **Wasser** zum kochen bringen und ein Teil der Gnocchi ca. 10 Minuten bei kleiner Hitze ziehen lassen. Abschöpfen, in eine Schüssel geben und mit Olivenöl beträufeln. Nächster Teil der Gnocchi kochen.
Wenn alle Gnocchi zubereitet sind, in einer Bratpfanne **Kokosöl** erhitzen. **Äpfel** in feine Scheiben schneiden und im Kokosöl goldbraun braten. Zimt dazugeben und die Äpfel in eine Schüssel geben.
**Olivenöl** in derselben Pfanne erhitzen und Gnocchi darin anbraten. Zum Schluss Äpfel dazugeben. Mit **Sesam** bestreuen.

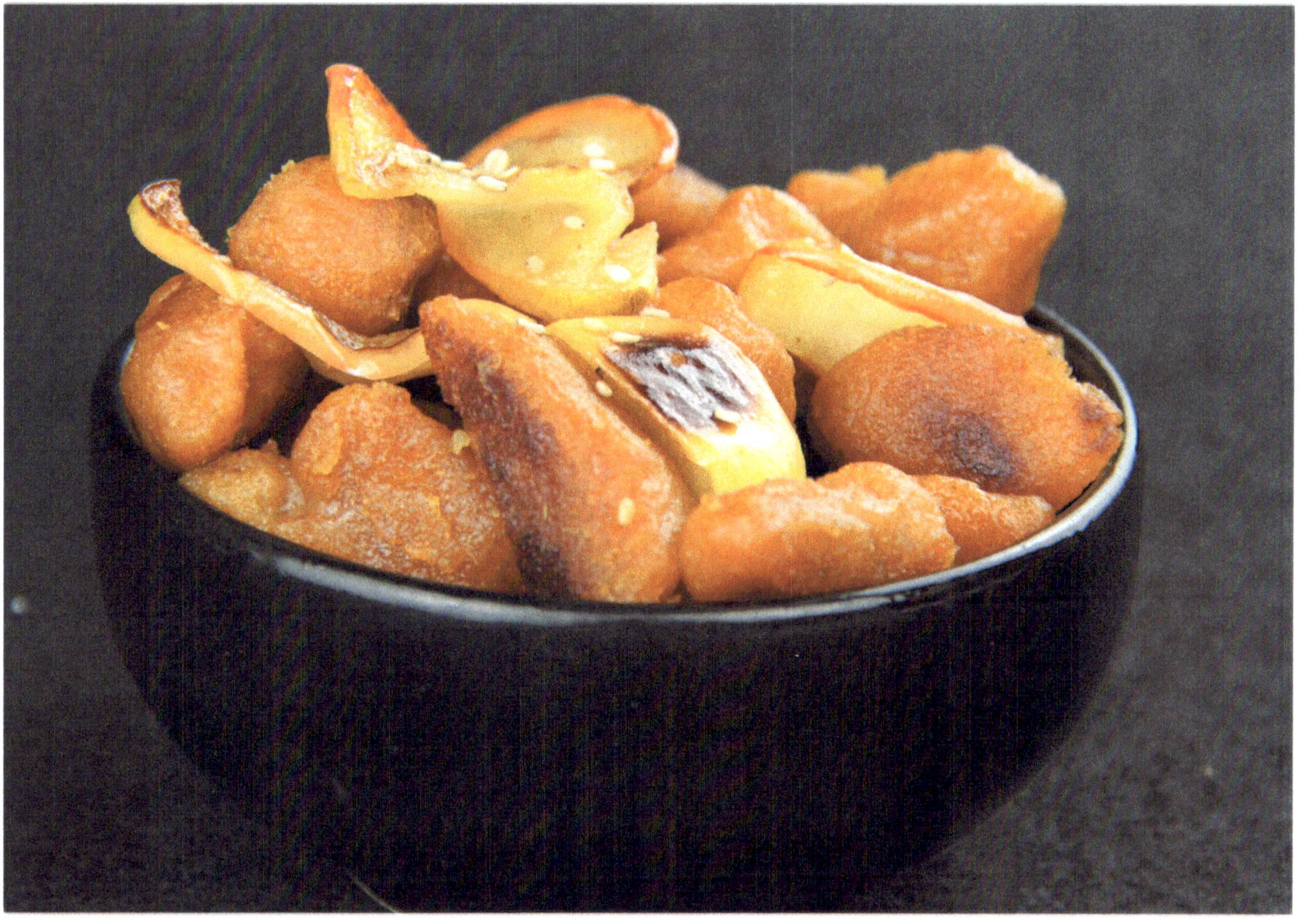

# Kartoffel-Champignons-Gratin

Kartoffelgratins lassen sich in unzähligen Variationen zubereiten. Und wunderbar vorbereiten. Wer den Backofen noch vor programmieren kann, hat hier ein eine tolle Möglichkeit, etwas Gesundes auf den Tisch zu zaubern ohne lange in der Küche stehen müssen.

Bratbares Olivenöl
800 g Kartoffeln
250 g Champignons
4 dl Mandelmilch
1 Knoblauchzehe
1 TL Salz
1 Prise geriebener Muskatnuss
Frisch gemahlener Pfeffer
1 Bund Petersilie
4-5 EL Mandelmus
3 EL bratbares Olivenöl
2-3 EL Kürbiskerne

Backofen auf 180 Grad Umluft vorheizen. Eine Gratinform mit bratbarem **Olivenöl** ausstreichen. **Kartoffeln** schälen und in feine Scheiben in die Gratinform hobeln. **Champignons** waschen und ebenfalls in feinen Scheiben darüber hobeln. **Mandelmilch** in ein Litermass füllen. **Knoblauch** schälen, entkeimen und dazupressen. **Salz**, **Muskatnuss** und **Pfeffer** dazugeben. **Petersilie** waschen, sehr fein hacken und zur Milch geben. Den Guss gut verrühren und über die Kartoffeln leeren. **Mandelmus**, Olivenöl und **Kürbiskerne** darüber verteilen und das Ganze ca. 45 Minuten backen bis die Kartoffeln weich sind.

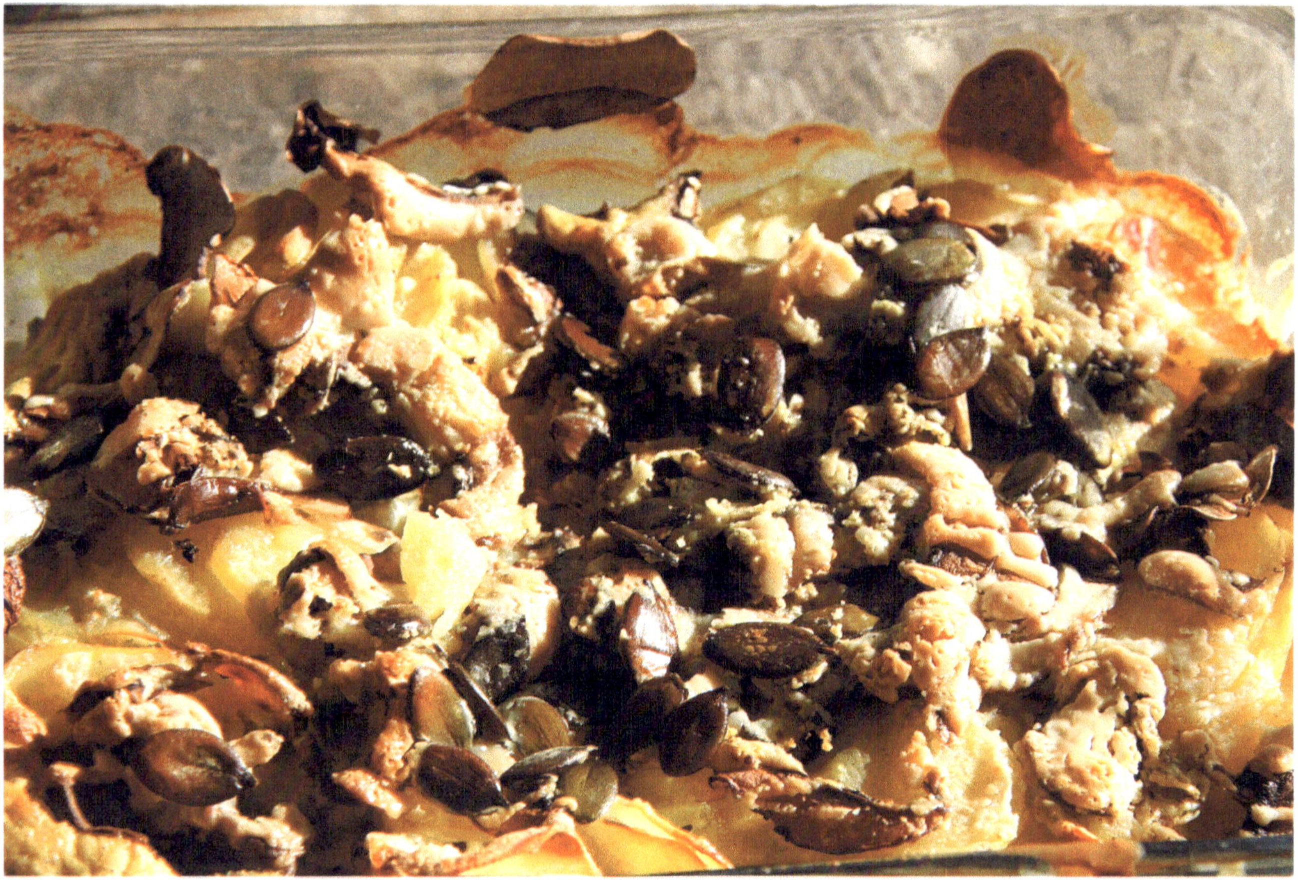

# Kokosmilch-Pannacotta mit Zimtbirnen

EINE EINFACHE PANNACOTTA, DIE MIT JEGLICHEN FRÜCHTEN DEKORIERT WERDEN KANN.

400 ml Kokosmilch
0.5 TL Agar-Agar Pulver
1 TL Zimt, gemahlen
0.5 Kardamom, gemahlen
100 ml Haferrahm
2 EL Agavendicksaft
1 reife Birne
1 EL Kokosöl
0.5 TL Zimt, gemahlen
1 TL Kokosblüten- oder Roh-Rohrzucker

**Kokosmilch** mit **Agar-Agar** Pulver vermischen und in einer Pfanne aufkochen. Auf kleiner Flamme ein paar Minuten köcheln lassen. **Zimt**, **Kardamom**, **Rahm** und **Agavendicksaft** unterrühren und in 4 Gläser füllen. Mindestens 3 Stunden kühlstellen.
**Birne** waschen entkernen und würfeln. **Kokosöl** in einer Bratpfanne erhitzen und die Birnenwürfel darin goldbraun anbraten. Zimt und Zucker dazugeben und kurz weiterbraten. Birnen etwas abkühlen lassen und vor dem Servieren über die Pannacotta geben.

141

# Apfel-Bananen-Muffins

GESUNDE MUFFINS GANZ OHNE WEISSEN ZUCKER UND WEISSES MEHL UND DAS AUCH NOCH LECKER? DAS GEHT! HIER DAS REZEPT.

1 EL Leinsamen
2 EL Wasser
180 g Kokosöl
80 g Agavendicksaft
1 mittlere Bio-Bananen
1 Apfel
1 EL Kürbiskerne, zerkleinert
1 EL Sesam
200 ml Kokosmilch
350 g Dinkelvollkornmehl
1 TL Vanilleschoten, gemahlen
1 TL Salz
1 TL Reinweinstein Backpulver

Backofen auf 180 Grad Umluft vorheizen.

**Leinsamen** und **Wasser** mit dem Pürierstab pürieren und 10 Minuten stehen lassen.
**Kokosöl** schaumig rühren. **Agavendicksaft** und **Leinsamenmasse** beigeben und weiter rühren. **Banane**, **Apfel** und **Kürbiskerne** in der Küchenmaschine zerkleinern und zusammen mit allen weiteren Zutaten untermischen. Teig in Muffinförmchen füllen.

Für ca 30 Minuten backen.

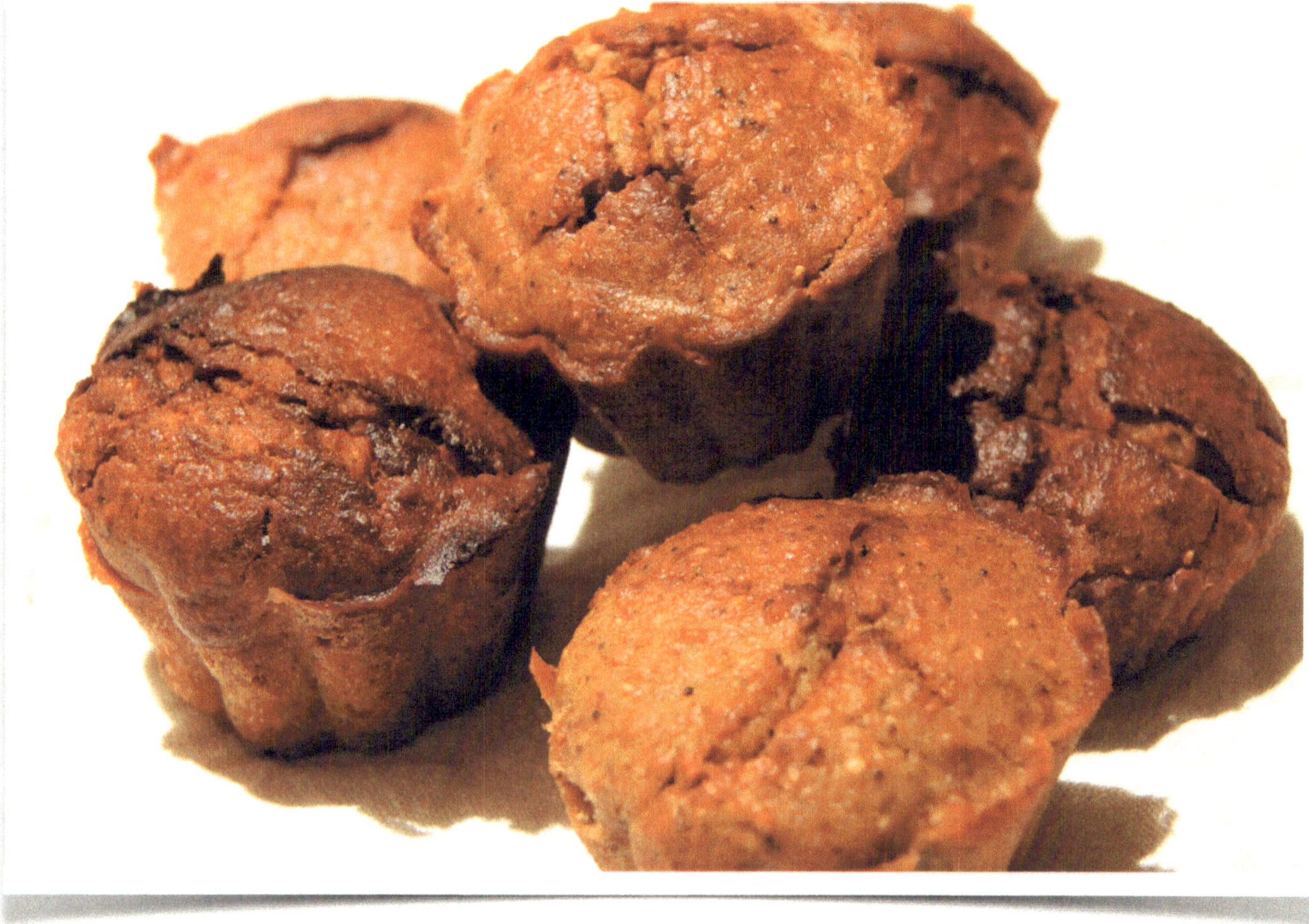

# Raw-Chocolate-Chip-Coconut-Muffins

GESUNDE MUFFINS DIE ZWEITE - VOLLWERTIGE ZUTATEN, MIT SCHOKOLADE UND SUPER LECKER - AUCH DAS GEHT.

70 g rohe Schokolade
180 g Kokosöl
40 g Agavendicksaft
1 EL roher Honig
40 g Kokosraspeln
1-2 Bio-Bananen
200 ml Kokosmilch
300 g Dinkelvollkornmehl
1 TL Salz
1 TL Reinweinstein Backpulver

Backofen auf 180 Grad Umluft vorheizen.
**Schokolade** in der Küchenmaschine oder mit dem Messer in kleine Stücke schneiden (je nach Geschmack gröbere Stücke). Zusammen mit allen Zutaten zu einem geschmeidigen Teig verarbeiten. Teig in Muffinsförmchen füllen.

Für ca 30 Minuten backen.

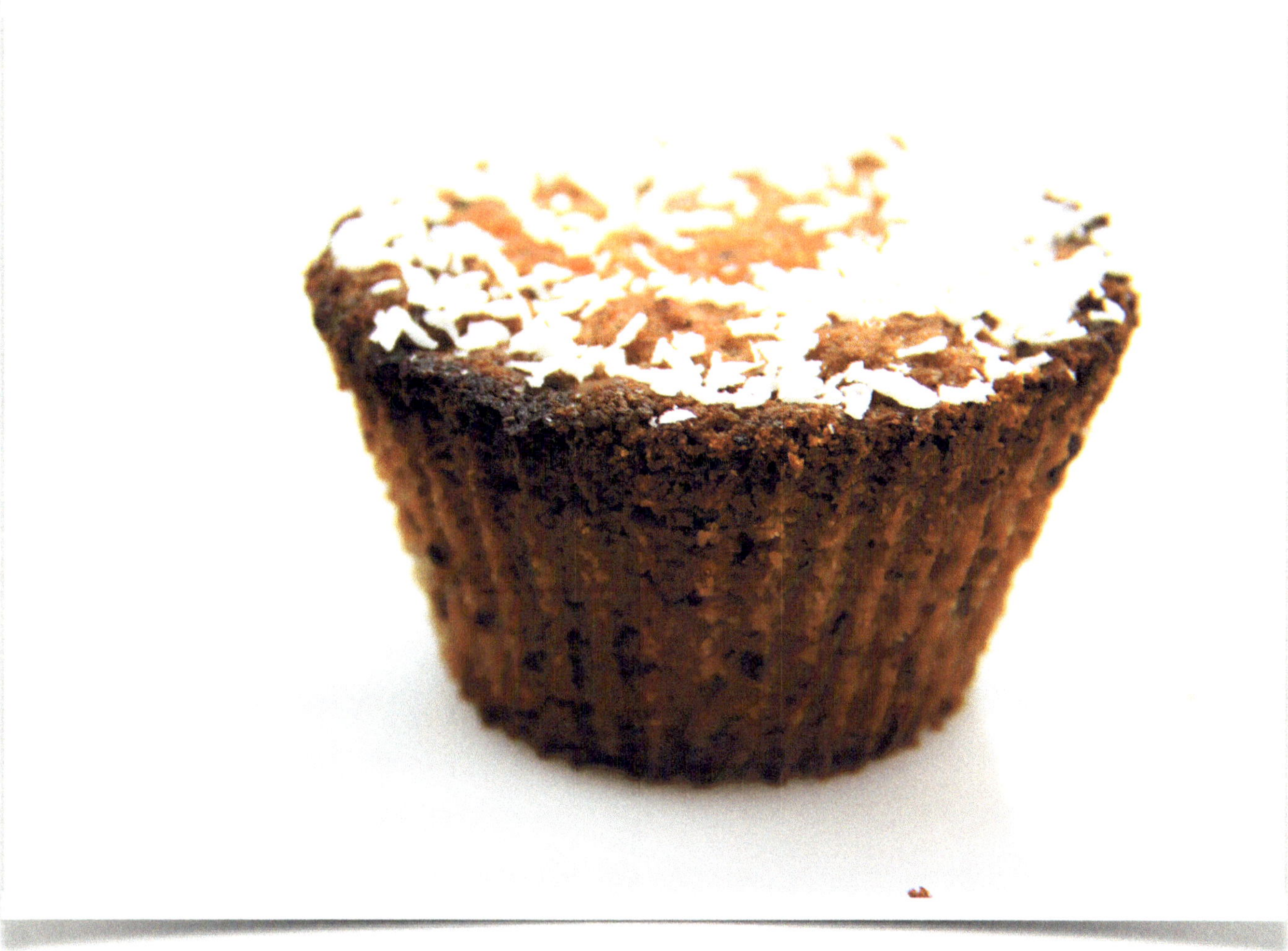

# Winter

# Inhalt - Winter

| | |
|---|---|
| Ayurvedische Linsen-Wintergemüsesuppe | 150 |
| Pizza-Salat | 152 |
| Gemüseplätzchen mit Bohnen-Sesam-Dip | 154 |
| Bohnen-Sesam-Dip | 156 |
| Knusprige Rote Beeten-Schnitzel | 157 |
| Spitzkohl-Linseneintopf mit Fladenbrot und Raita | 160 |
| Roher Federkohl mit allerlei Wurzelgemüse | 162 |
| Das perfekte Wintercurry | 164 |
| Ofen-Topinambur | 166 |
| Kräuter-Couscous | 168 |
| Cremiges Süsskartoffel-Curry mit Berglinsen | 170 |
| Lasagne | 172 |
| Hörnli mit G'hacktem und Apfelmus | 176 |
| Oat-Cranberry-Chocolate-Cookie | 178 |
| Triple-Coconut-Cookies mit Quinoa und Avocado | 180 |

# Ayurvedische Linsen-Wintergemüsesuppe

LINSEN, DUFTENDE GEWÜRZE UND VIEL FRISCHES GEMÜSE MACHEN DIESE SUPPE ZU EINEM TRAUMHAFTEN BAUCH- UND SEELENWÄRMER.

90 g rote Linsen
90 g braune Linsen
1 EL Kokosöl
1 rote Zwiebel
1 Knoblauchzehe
1 cm Ingwer
0.5 cm frische Kurkumawurzel
(oder 1 TL Kurkuma, gemahlen)
1 TL Garam Masala
3-4 Karotten
2 Lauchstangen
200 g Selleriestangen
Wasser
2 dl Tomatenpassata
Salz
Frisch gemahlener Pfeffer

**Linsen** über Nacht einweichen.
**Koksfett** in einer weiten Pfanne erwärmen. **Zwiebel** und **Knoblauch** fein hacken und andünsten. **Ingwer** und **Kurkuma** waschen und mit der Schale an der Käsereibe fein reiben. Zusammen mit **Garam Masala** zu den Zwiebeln geben.
Unterdessen Gemüse waschen, rüsten und in grosse Stücke schneiden und ebenfalls dazugeben. Mit Wasser auffüllen bis das Gemüse sehr gut bedeckt ist. **Tomatepassata** beigeben. 2-3 Teelöffel Salz dazugeben und das Ganze ca. 25 Minuten köcheln lassen. Pürieren und abschmecken.

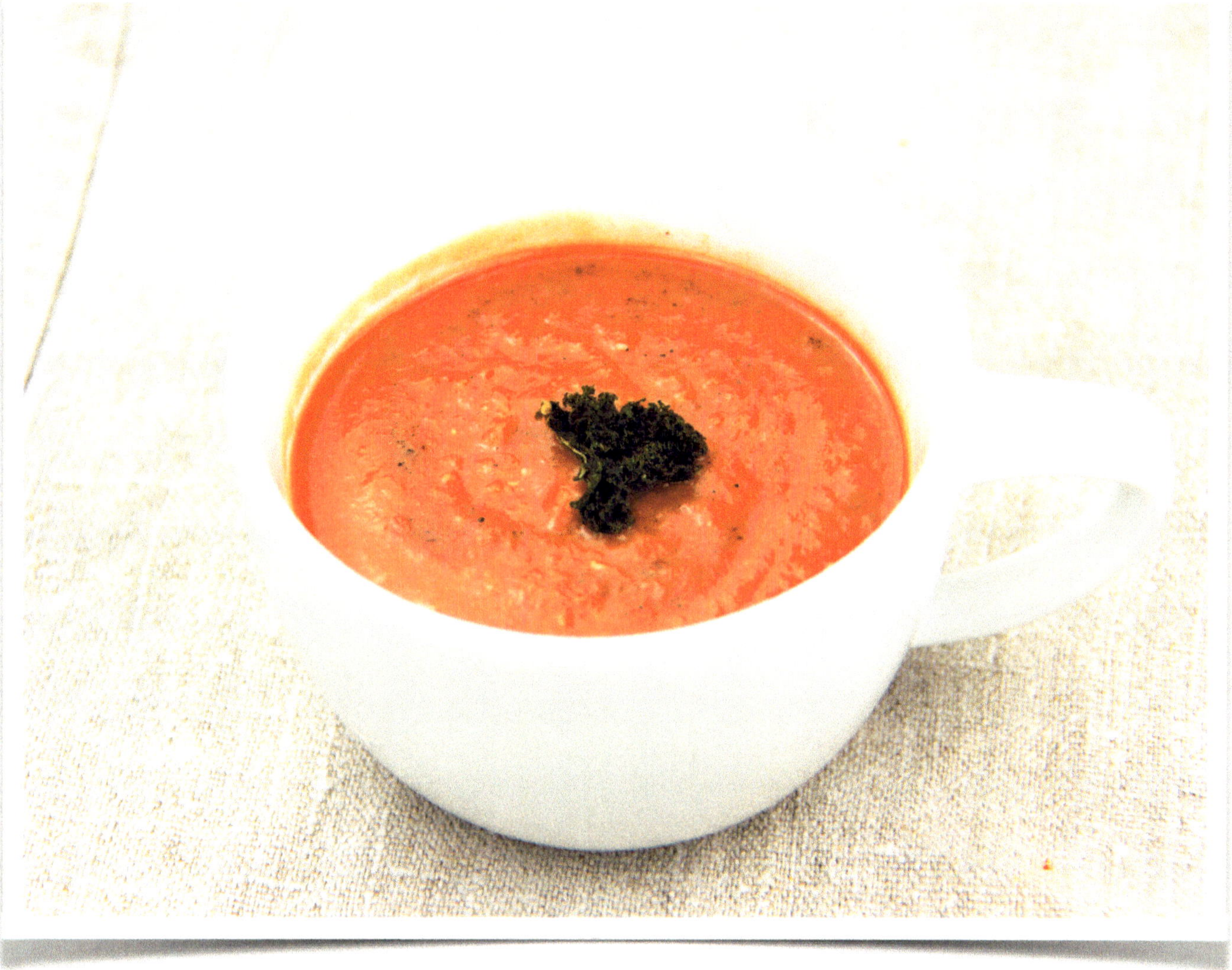

# Pizza-Salat

In Schweden gibt es in jeder Pizzeria einen Kohlsalat dazu. Wir nennen diesen kurz Pizzasalat. Selbstverständlich schmeckt der vitaminreiche Salat auch zu anderen Speisen und an warmen Tagen auch ganz für sich alleine. Einfach, gesund und lecker!

1 Spitzkohl
1 TL Salz
1 Bio-Zitrone
1 gestrichener TL mildes Currypulver
1 TL Kreuzkümmel, ganz
4 EL natives Olivenöl

**Spitzkohl** waschen und fein in eine Schüssel hobeln. **Salz** darunter mischen und den Kohl 10 Minuten ziehen lassen. Danach Kohl mit den Händen kräftig durchkneten bis er etwas weicher wird. Gewürze und **Olivenöl** untermischen.

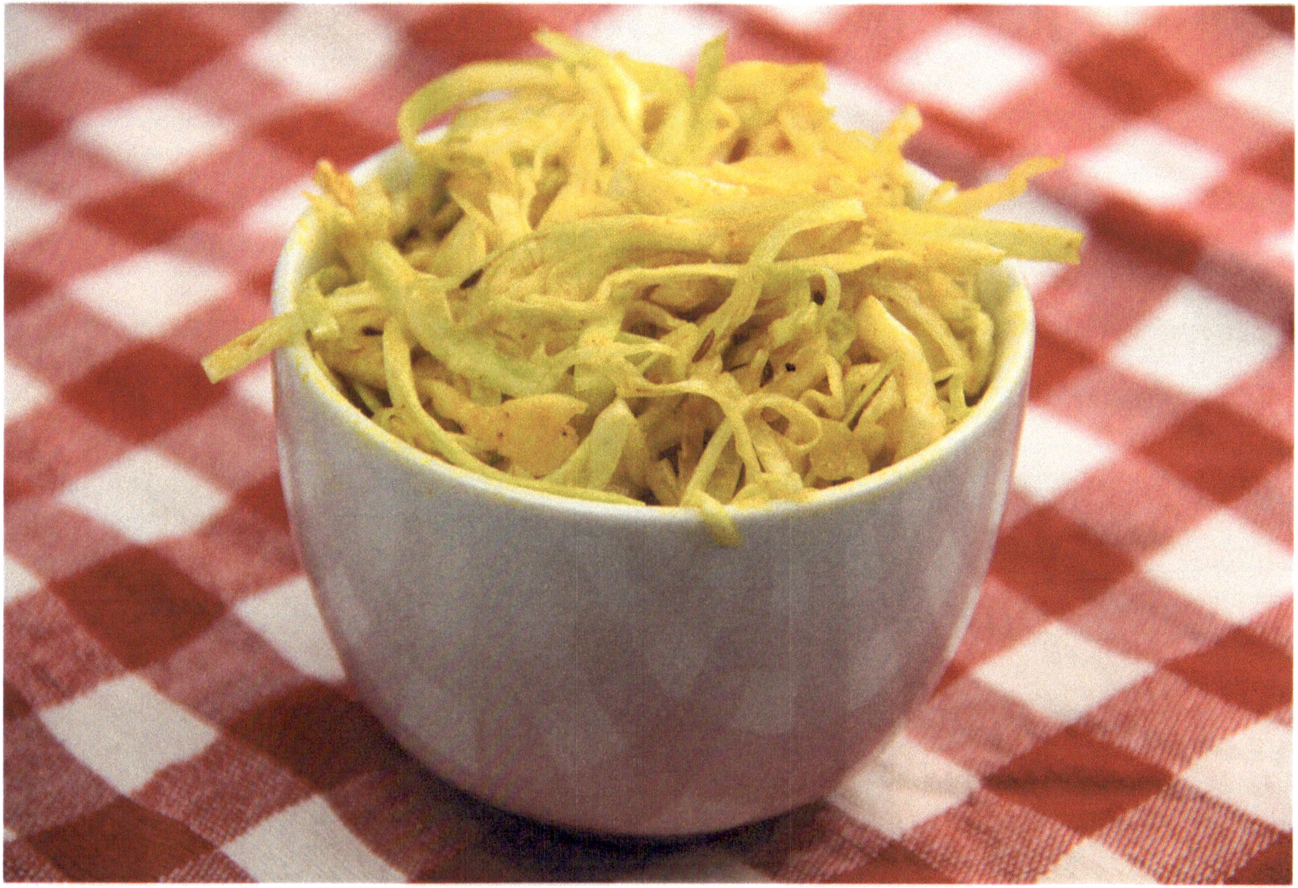

# Gemüseplätzchen mit Bohnen-Sesam-Dip

DIESE GEMÜSEPLÄTZCHEN SCHMECKEN EIGENTLICH DAS GANZE JAHR ÜBER. EINFACH GEMÜSE DER SAISON ANPASSEN UND MIT EINEM SALAT ODER ALS FLEISCHLOSER BURGER IN EINEM VOLLKORN BRÖTCHEN ODER WRAP GENIESSEN.

250 g Karotten
250 g Lauch
0.5 TL Salz
Frisch gemahlener Pfeffer
1 Knoblauchzehe
0.5 Bund Schnittlauch
1 EL Sesam
250 g Tofu
1 kleine Bio-Zitrone
50 g Dinkelvollkornmehl
20 g Sojamehl
1 EL Sojasauce
1 TL Kreuzkümmel, gemahlen
Bratbares Olivenöl

**Karotten** schälen und an der Röstiraffel in eine Schüssel raspeln. **Lauch** waschen und klein hacken. Lauch, **Salz** und **Pfeffer** zu den Karotten geben, alles gut durchkneten und für 10 Minuten stehen lassen.
**Knoblauch** und **Schnittlauch** fein hacken und zusammen mit **Sesam** und Leinsamenmasse auf das Gemüse geben. **Tofu** mit einer Gabel (oder von Hand) zerdrücken und ebenfalls aufs Gemüse geben. **Zitrone** heiss abwaschen und Schale zum Gemüse reiben. **Mehl**, **Sojasauce** und **Kreuzkümmel** dazugeben und alles gut mischen.
Backofen auf 80 Grad Umluft vorheizen.
In einer Bratpfanne das Olivenöl erhitzen. Aus der Gemüsemasse ca. 12 Plätzchen formen und diese beidseitig bei mittlerer Hitze goldbraun braten. Fertige Plätzchen auf einem Teller im Backofen warmhalten.

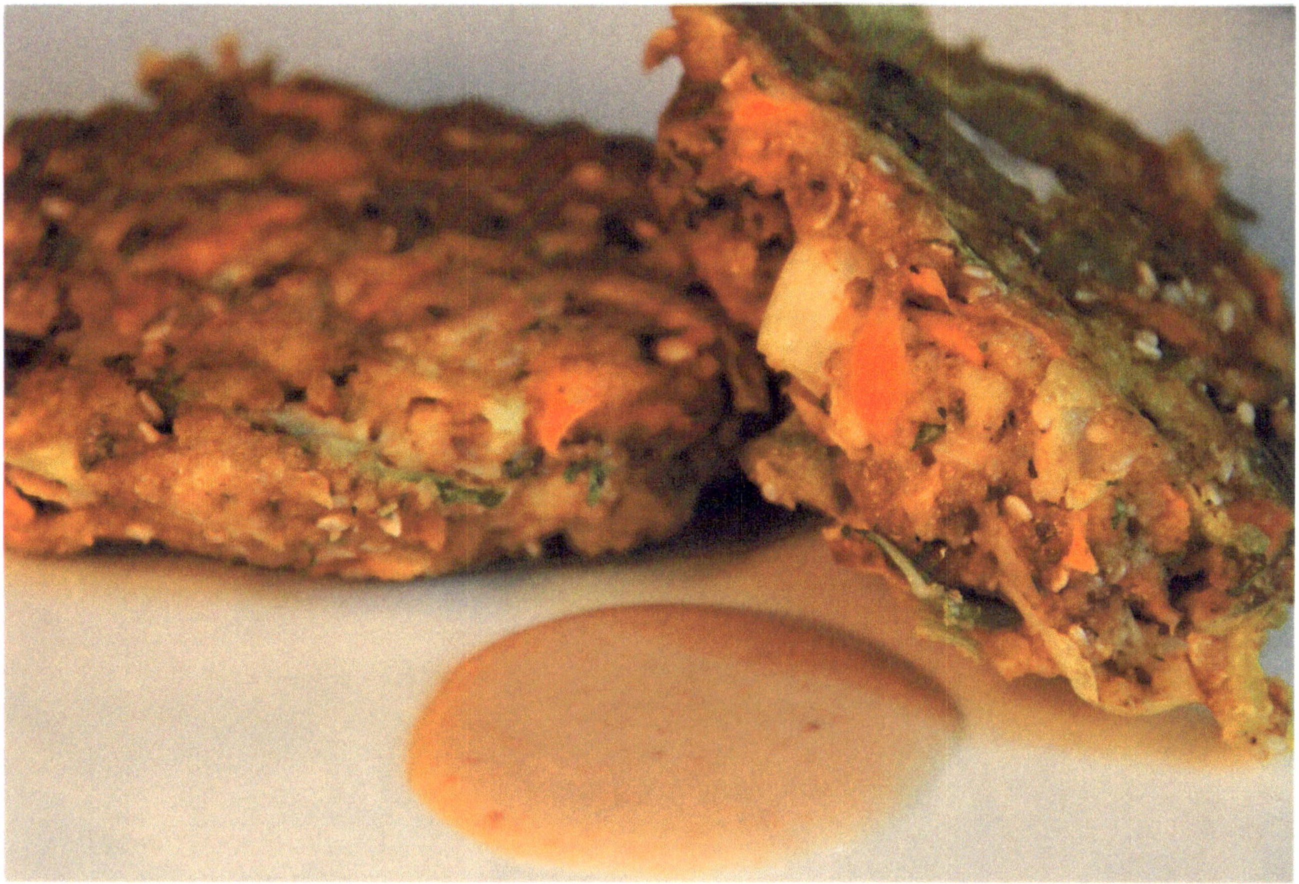

# Bohnen-Sesam-Dip

140 g weisse Bohnen
1 Knoblauchzehe
100 g vegane Creme fraîche
1 EL Sesamöl
1 TL Kreuzkümmel, gemahlen
0.5 TL süsses Paprikapulver
1 Zitrone
Salz
Frisch gemahlener Pfeffer

**Bohnen** über Nacht einweichen. Einweichwasser abgiessen und Bohnen in frischem Wasser ca. 90 Minuten sehr weich kochen. Ca. 2 dl Kochwasser aufsparen.

Bohnen mit ca. der Hälfte des Kochwassers, dem **Knoblauch** und der **Creme fraîche** pürieren. Je nach Konsistenz mehr Wasser zugeben. **Sesamöl**, Gewürze und ein paar Tropfen **Zitronensaft** dazugeben und abschmecken.

# Knusprige Rote Beeten-Schnitzel

EINE WUNDERBARE PFLANZLICHE SCHNITZEL-ALTERNATIVE, DIE NICHT NUR EINSTEIGER IN DIE FLEISCHLOSE KOST ZU ÜBERZEUGEN VERMAG.

2 grosse Rote Beeten
2 EL Leinsamen
6 EL Wasser
Paniermehl
Bratbares Olivenöl

Die **roten Beeten** in Wasser gar kochen, auskühlen lassen, schälen und in ca. 0.8 mm dicke Scheiben schneiden.
**Leinsamen** und **Wasser** mit dem Pürierstab pürieren und 10 Minuten stehen lassen. **Paniermehl** in eine Schüssel füllen. In einer Bratpfanne 2-3 EL **Olivenöl** erhitzen. Die Scheiben zuerst durch die Leinsamenmasse ziehen und dann im Paniermehl wenden. Auf beiden Seiten goldbraun braten.

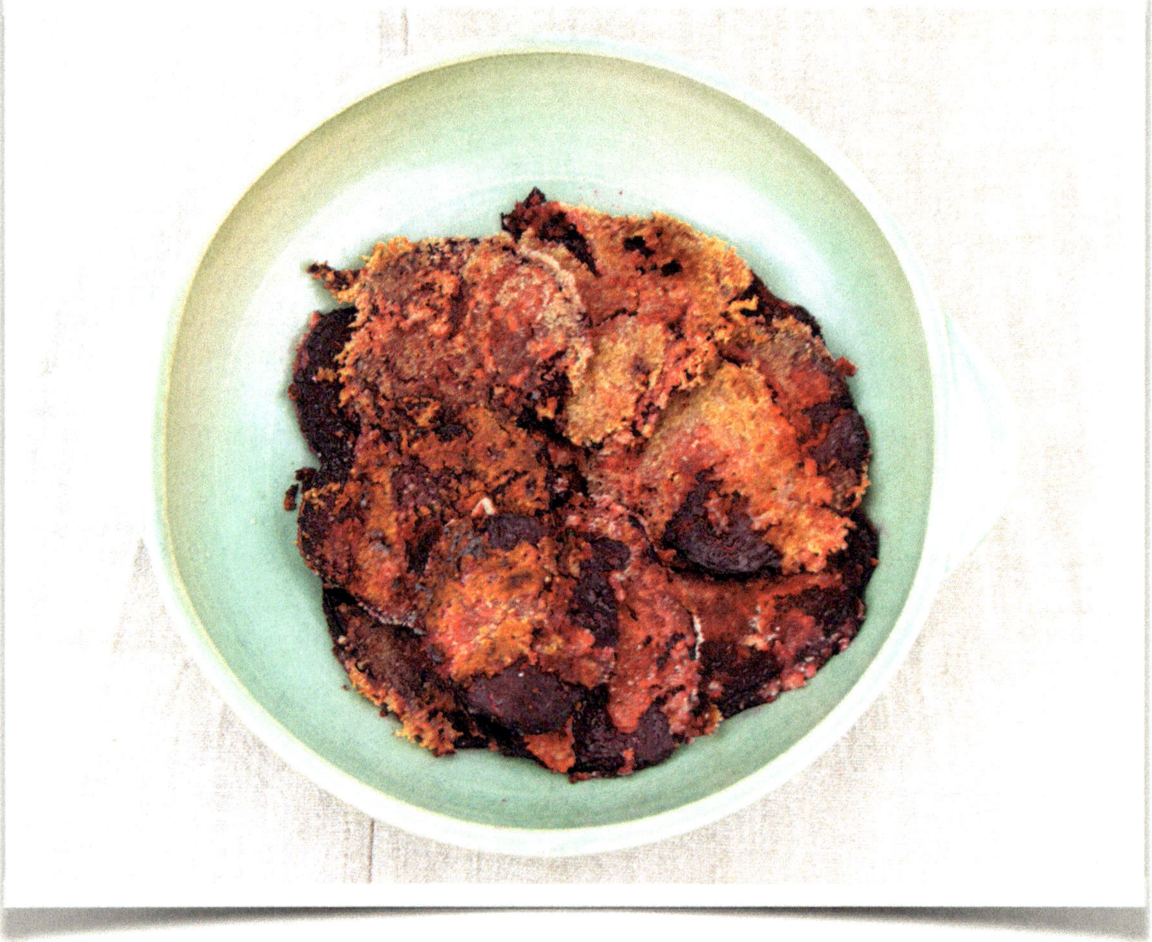

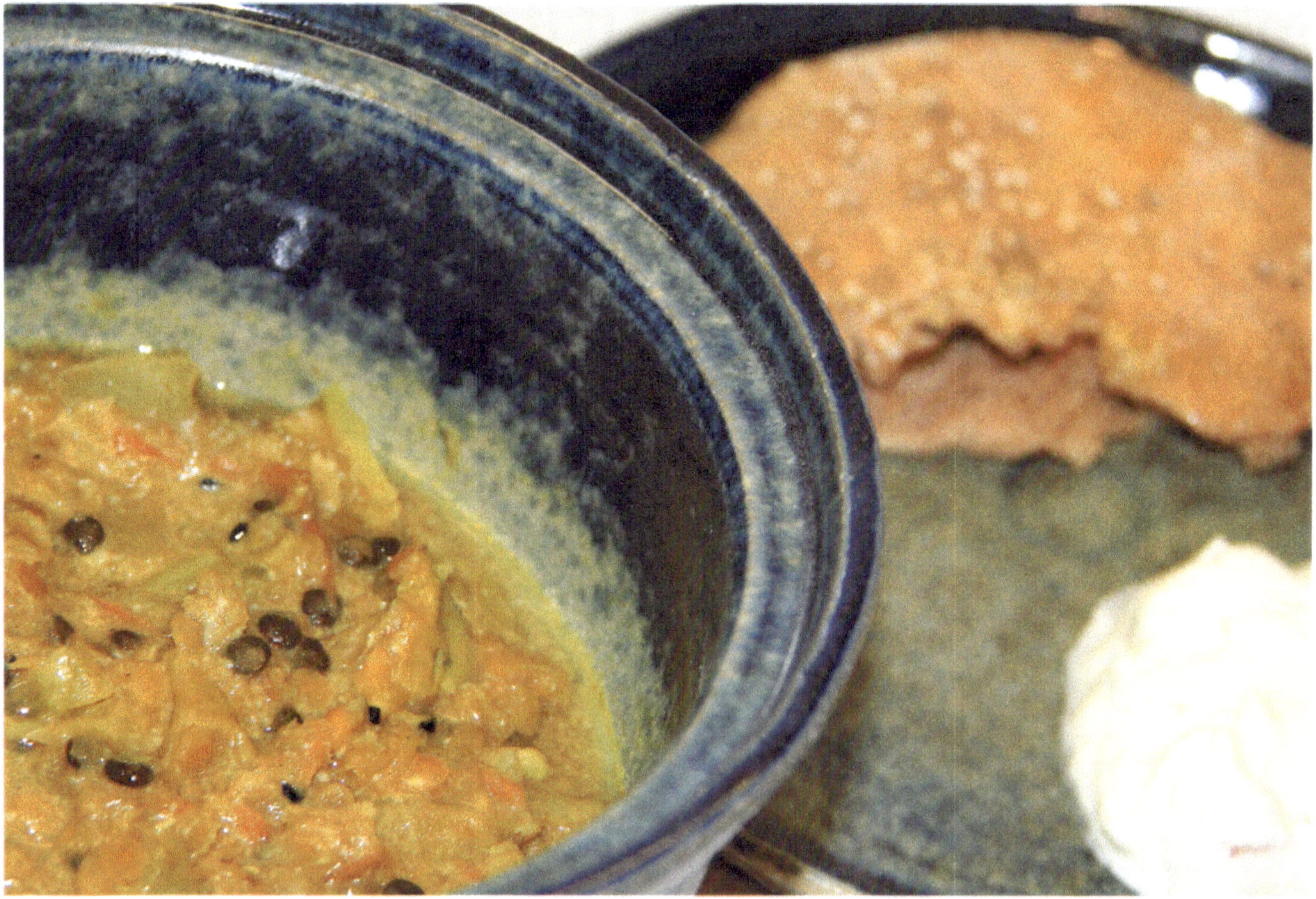

# Spitzkohl-Linseneintopf mit Fladenbrot und Raita

EINTÖPFE SIND BEIM KALTEN WINTERWETTER GENAU DAS RICHTIGE UM UNS SO RICHTIG VON INNEN HERAUS AUFZUWÄRMEN! UND WENN SIE NOCH LECKER NACH INDISCHEN GEWÜRZEN DUFTEN, WÄRMEN SIE KÖRPER UND SEELE.

## Fladenbrot

1 dl lauwarmes Wasser
0.5 Würfel Frischhefe (ca. 20 g)
500 g Weizenvollkornmehl
1 TL Salz
2.5 dl Hafermilch
50 g Kokosöl
4 EL Haferrahm
Sesamsamen

Für die Fladenbrote die **Hefe** im **Wasser** auflösen. **Mehl** und **Salz** mischen. Wasser und **Milch** dazugiessen. **Kokosöl** in kleinen Flocken dazugeben und alles zu einem Teig verarbeiten. Diesen zugedeckt gehen lassen.
Unterdessen Backofen auf 250 Grad vorheizen. Aus dem Fladenbrotteig 6 - 8 Fladenbrote formen, mit **Haferrahm** bestreichen und mit **Sesam** bestreuen. Im Backofen 3-4 Minuten backen, umdrehen und nochmals 3-4 Minuten backen.

## Raita

300 g Soja-Joghurt
Salz
1 Bio-Limette
Garam Masala

Für die Raita **Joghurt**, **Salz**, 1 EL **Limettensaft** und etwas **Garam Masala** mischen und kühl stellen.

## Linsen

150 g Belugalinsen
50 g rote Linsen
1 EL bratbares Olivenöl
1 TL Kreuzkümmel, ganz
1 TL Schwarzkümmel
1 TL Kreuzkümmel, gemahlen
1 Zwiebel
0.5 - 1 cm Ingwer
1 cm Kurkumawurzel
2-3 Karotten
800 g Spitzkohl
4 dl Wasser
Salz
2 dl Kokosmilch

Die **Linsen** über Nacht einweichen. Die Linsen abspülen. Olivenöl langsam in einer Bratpfanne erhitzen. Gewürze dazugeben und zugedeckt anrösten. **Zwiebel** schälen und sehr fein hacken. Zu den Gewürzen geben. **Ingwer** und **Kurkuma** an der Käsereibe zu den Zwiebeln reiben. Alles 5 Minuten andünsten. Unterdessen **Karotten** schälen und mit der Käsereibe direkt in die Pfanne raspeln. **Spitzkohl** waschen und fein schneiden und in die Pfanne geben. Mit **Wasser** ablöschen und **Salz** dazugeben. Linsen beifügen und alles ca. 20 Minuten köcheln lassen. Ggf. etwas Wasser dazugeben. Zum Schluss **Kokosmilch** beigeben und nochmals 5 Minuten alles weichkochen.
Fladenbrote und Raita zum Linseneintopf servieren.

# Roher Federkohl mit allerlei Wurzelgemüse

„Kale is cool!"! Nährstoffreicher gehts kaum, günstiger auch nicht und leckerer sowies nicht - „love it!".

4-5 Stängel Federkohl
1 Karotte
1 Schwarzrettich
1 Butterrübe
2 Chicoree
3 EL natives Olivenöl
1 EL weisser Balsamicoessig
1 TL Salz
1 Limette
1 EL mildes Currypulver
2 EL Soja-Joghurt
2-3 EL Quinoapops

**Federkohl** waschen und in der Küchenmaschine oder von Hand fein schneiden. **Karotte**, **Rettich** und **Rübe** schälen und in der Küchenmaschine oder mit der Röstiraffel fein raspeln. **Chicorée** waschen und quer in feine Streifen schneiden. Federkohl und Rüben in einer Salatschüssel mischen. **Olivenöl**, **Essig**, **Salz**, Saft der **Limette**, **Currypulver** und **Joghurt** zu einer Sauce mischen und mit den Rüben mischen. Chicorée in die Salatschüssel geben und alles vermischen. Nach Geschmack mit Curry und Salz abschmecken und mit **Quinoapops** bestreuen.

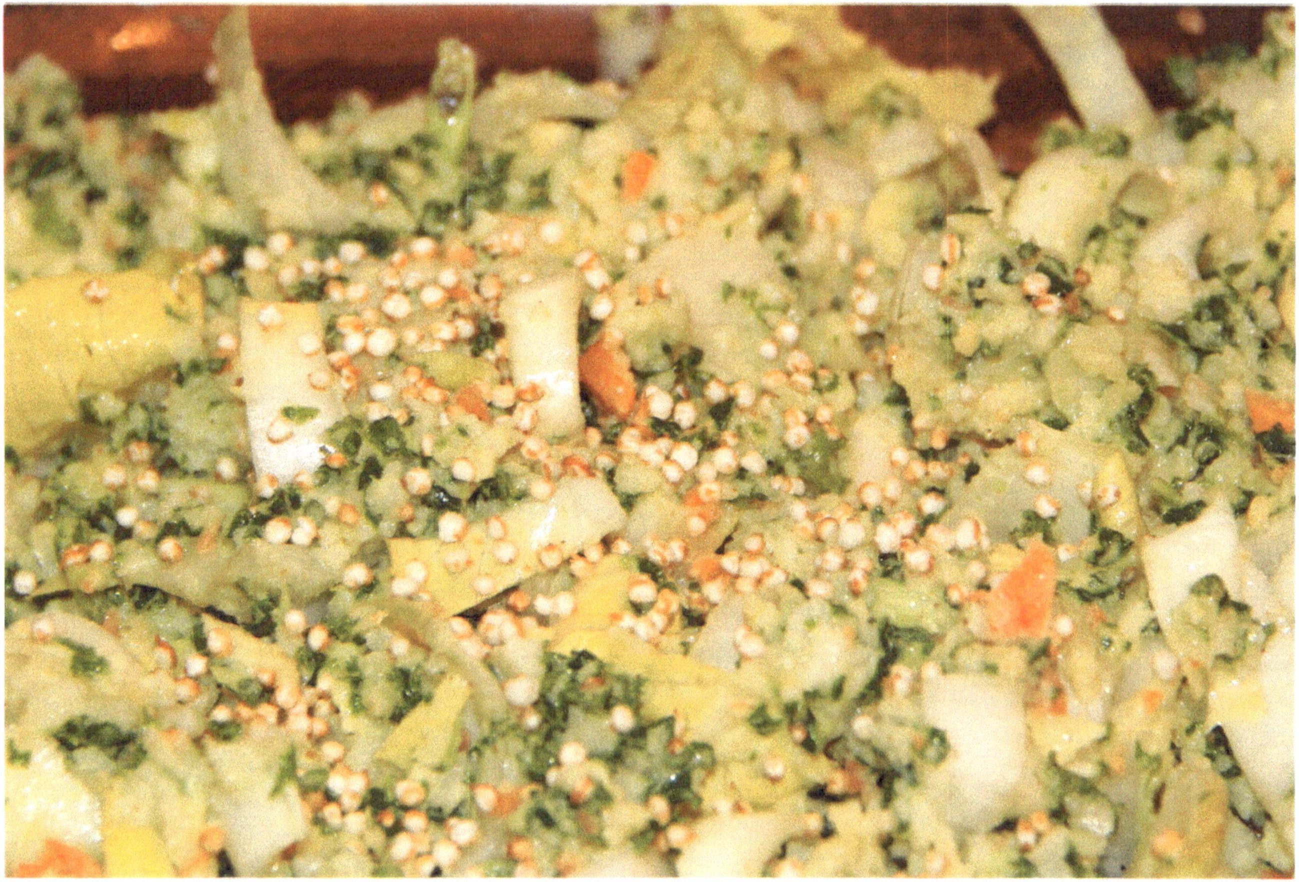

# Das perfekte Wintercurry

WANN IST ENDLICH WIEDER FRÜHLING? JANUAR UND FEBRUAR SIND BEZÜGLICH INNOVATIVER REZEPTE AUS REGIONALEN PRODUKTEN EINE ECHTE HERAUSFORDERUNG. DIESES CURRY VERMAG UNS DAS WARTEN AUF DIE ERSTEN FRÜHLINGSGEMÜSE ZU ERLEICHTERN.

3-4 Topinambur
2-3 Karotten
1 kleiner Muskatkürbis
2 kleine Butterrüben
2-3 Petersilienwurzeln
2 mittlere Kartoffeln
1 Zwiebel
1 cm Ingwer
1 EL Kokosöl
1 EL Cashewmus
2 EL milde Currypaste
2 dl Wasser
400 dl Kokosmilch
2-3 EL Kokosraspeln
Salz

Gemüse waschen, rüsten und in kleine Würfel schneiden. **Zwiebeln** schälen und fein hacken. **Ingwer** waschen und mit der Schale an der Ingwer- oder Käsereibe fein reiben. **Kokosöl** in der Wok Pfanne erhitzen und Ingwer und Zwiebeln darin andünsten. **Cashewmus** und **Currypaste** dazugeben und kurz mitbraten. Das Gemüse beigeben und alles bei kleiner Hitze ca. 3 Minuten andünsten. Mit Wasser ablöschen und zugedeckt bei kleiner Hitze fast gar kochen. **Kokosmilch** und -**Kokosraspeln** dazugeben und mit **Salz** abschmecken. Das Gemüse nochmals 5 Minuten ganz gar kochen.

Dazu passt ein Vollkorn-Jasmin oder Vollkorn-Basmati Reis.

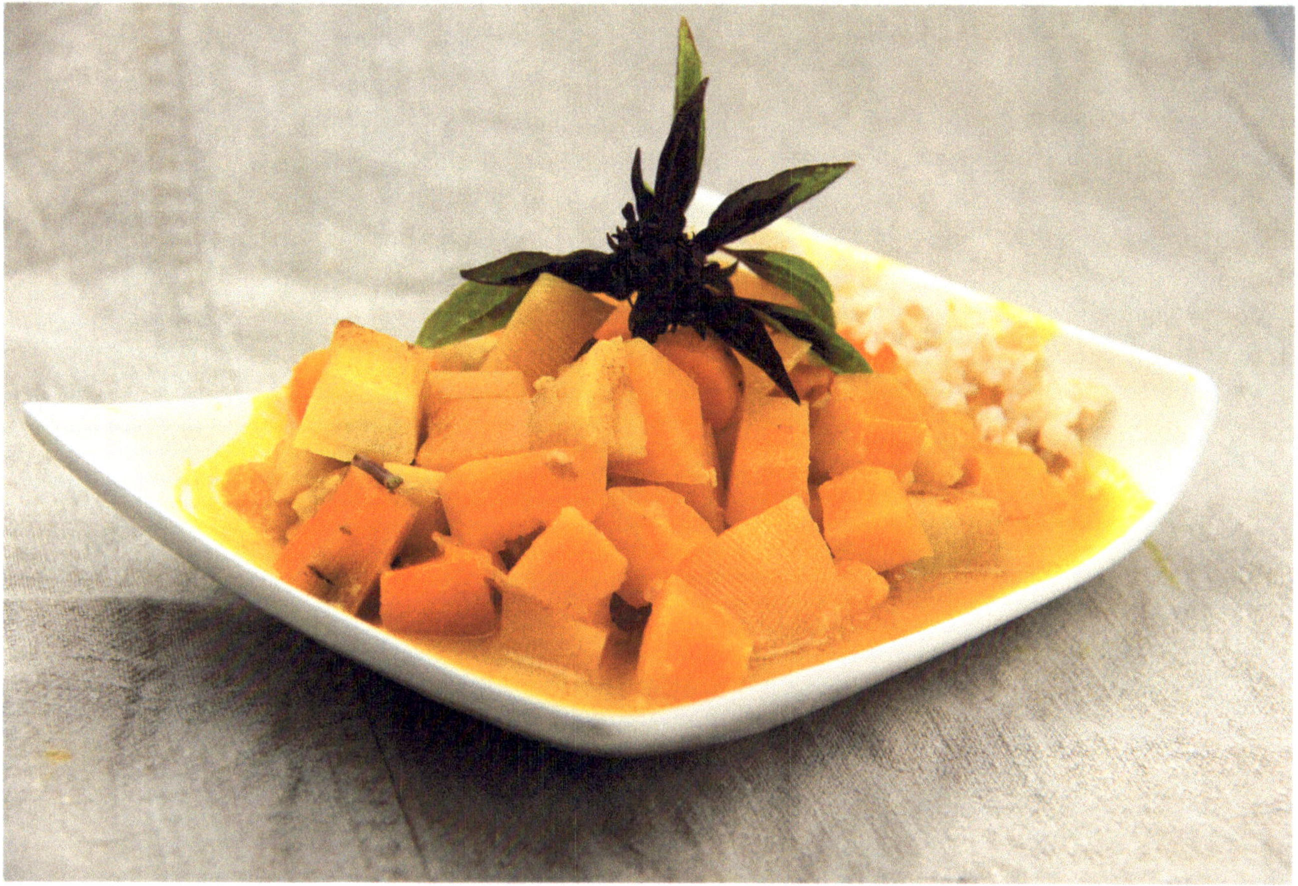

# Ofen-Topinambur

TOPINAMBUR IST EIN WUNDERBARES WURZELGEMÜSE MIT NUSSIGEM GESCHMACK. ALS REGIONALES LAGERGEMÜSE BRINGT ES WOHLVERDIENTE ABWECHSLUNG IN DIE LANGEN WINTERMONATE.

500 g Topinambur
1 Zitrone
5-6 Zweige Thymian
4 EL bratbares Olivenöl
Salz
Frisch gemahlener Pfeffer

Den Backofen auf 200 Grad Ober- und Unterhitze vorheizen. **Topinambur** schälen, der Länge nach vierteln und in eine Schüssel mit Wasser und Zitronensaft legen.
Die Topinambur Scheiben aus dem **Wasser** nehmen und in eine ofenfeste Form legen. Den **Thymian** und das **Olivenöl** sowie etwas **Salz** und **Pfeffer** über die Topinambur geben. Das Gemüse für ca. 40 Minuten garen. Zwischendurch umrühren.

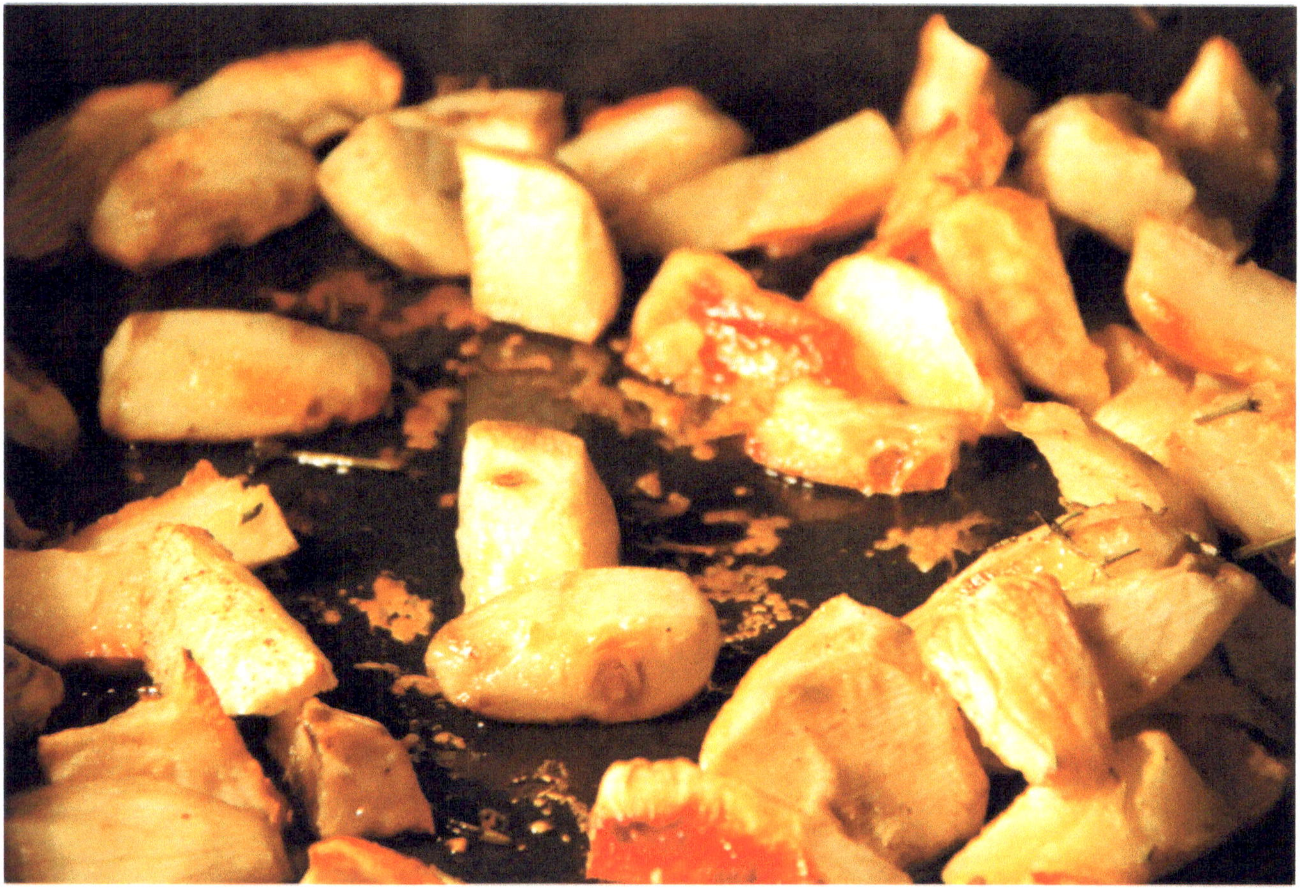

# Kräuter-Couscous

EIN GANZ EINFACHES COUSCOUS, ABER DESHALB NICHT WENIGER GESCHMACKVOLL. EINE EHER UNAUFFÄLLIGE BEILAGE, DIE JEDES HAUPTGERICHT FEIN UNTERSTÜTZT, ABER NICHT ÜBERTÖNT.

450 ml Wasser
250 g Vollkorn-Couscous
6 EL natives Olivenöl
Salz
1 Bio-Zitrone
4-5 Zweige Pfefferminze
2 Zweige Zitronenmelisse
1 Bund Petersilie
Frisch gemahlener Pfeffer

**Wasser** aufkochen. **Couscous** in eine Servierschüssel geben, mit 250 ml Wasser übergiessen und mit einem Teller abdecken. Ca. 10 Minuten ziehen lassen. Falls das Couscous zu trocken ist, etwas mehr Wasser dazugeben und nochmals kurz stehen lassen. **Olivenöl** und **Salz** beigeben. **Zitrone** heiss abwaschen und Schale dazureiben. **Kräuter** waschen, sehr fein hacken und ebenfalls zum Couscous geben. Alles mischen und vor dem servieren mindestens 10 Minuten ziehen lassen. Mit frisch gemahlenem **Pfeffer** verfeinern.

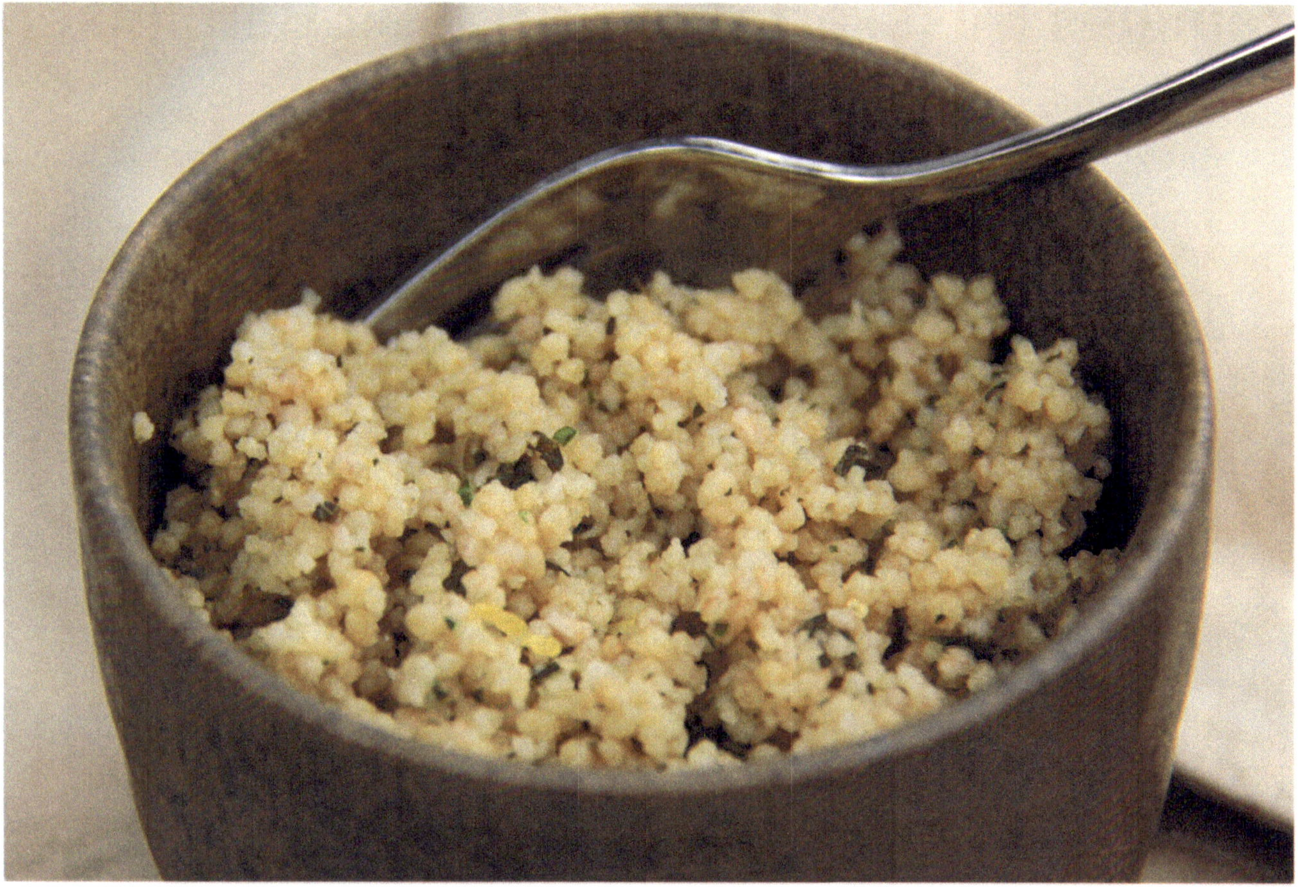

# Cremiges Süsskartoffel-Curry mit Berglinsen

SÜSSKARTOFFELN SIND UNGLAUBLICH NÄHRSTOFFREICH UND WERDEN OFT UNTERSCHÄTZT. SELBSTVERSTÄNDLICH KANN DIESES GERICHT AUCH MIT NORMALEN KARTOFFELN ZUBEREITET WERDEN.

3 gehäufte EL Berglinsen
3 EL Kokosöl
1 grosse Zwiebel
1 Knoblauchzehe
1 Stück Ingwer
2-3 Karotten
700 g Süsskartoffeln
1 TL Senfsaat
1 TL Kreuzkümmel, gemahlen
1 TL Garam Masala
1 TL Kurkuma, gemahlen
1 TL Koriander, gemahlen
700 ml Tomatenpassata
400 ml Kokosmilch
Salz

Die **Linsen** wenn möglich über Nacht in Wasser einweichen.
Das **Kokosöl** in einer weiten Bratpfanne oder einem Wok leicht erhitzen.
Die **Zwiebel** schälen, fein hacken und im Wok andünsten. Den **Knoblauch** schälen, entkeimen, fein hacken und zu den Zwiebeln geben. Ca. 0.5 cm **Ingwer** waschen und ungeschält mit der Käsereibe zu den Zwiebeln reiben. **Karotten** schälen und würfeln. Die **Süsskartoffeln** schälen und ebenfalls würfeln. Das Gemüse und alle Gewürze in die Pfanne geben und alles etwas anbraten. Die Linsen abspülen und ebenfalls in die Pfanne geben. Mit **Tomatenpassata** und **Kokosmilch** ablöschen und das Ganze zugedeckt für 30 Minuten auf kleiner Flamme köcheln lassen. Wenn die Kartoffeln die gewünschte Konsistenz haben, das Gericht mit **Salz** abschmecken.

Dazu passt Vollkorn-Basmatireis.

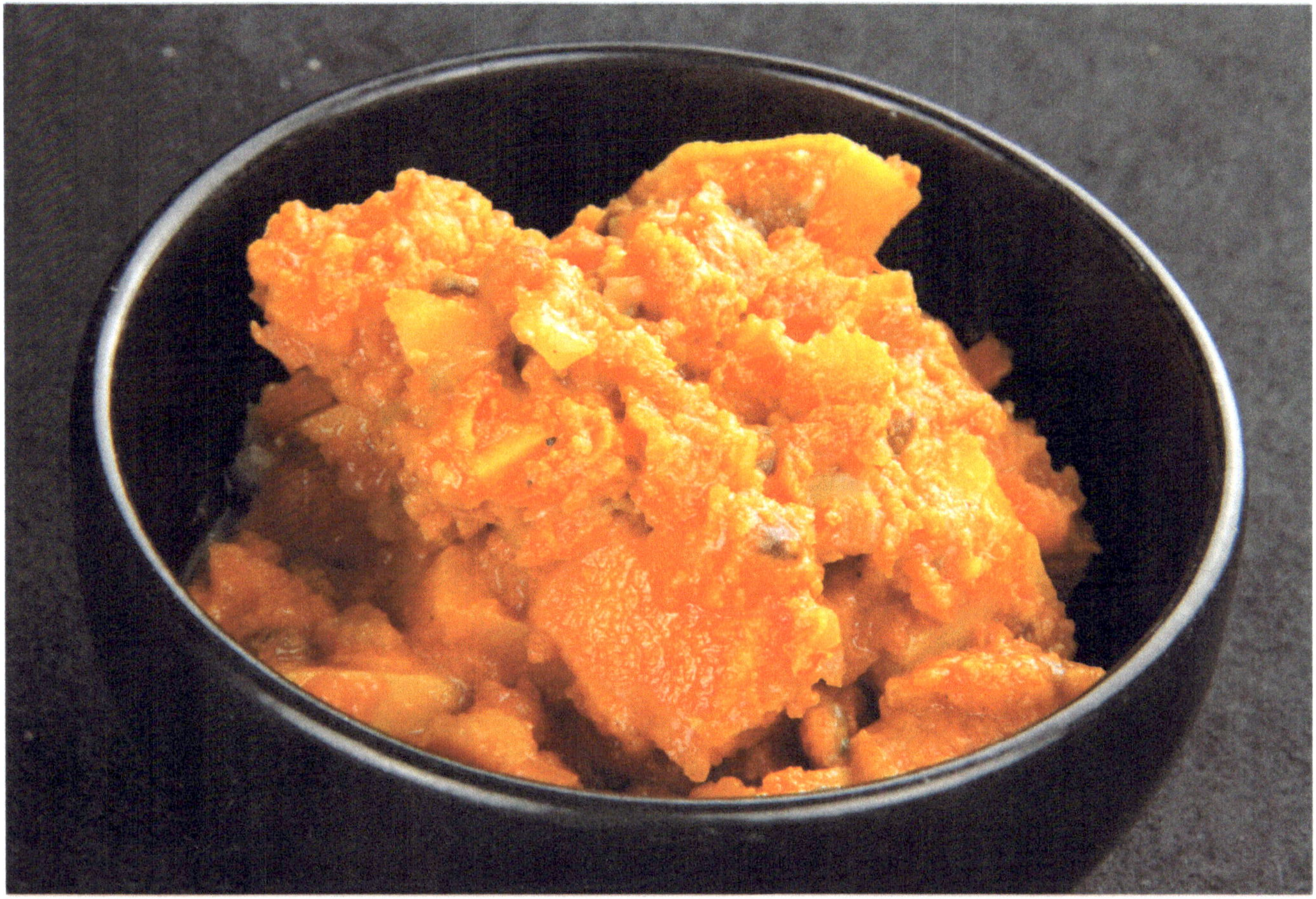

# Lasagne

IN EINE HERZHAFTE ITALIENISCHE LASAGNE GEHÖRT EINE KRÄFTIGE, LANG GEKOCHTE BOLOGNESE. DASS ES DAZU KEIN FLEISCH BRAUCHT, BEWEIST DIESES REZEPT. ÜBRIGENS, WER AUF ERSATZPRODUKTE VERZICHTEN MÖCHTE ERSETZT DAS SOJAHACK MIT KLEINEN WÜRFELN AUS CHAMPIGNONS, KAROTTEN UND SELLERIE.

Soja-Gehacktes, 200g getrocknet oder 600g frisch
2 Zwiebeln
2 Knoblauchzehen
4 EL bratbares Olivenöl
1-2 Karotten (ca. 200g)
1 Stück Knollensellerie (ca. 200g)
3 Zweige Rosmarin
3 Zweige Thymian
1 Lorbeerblatt
2.5 dl Rotwein
700 ml Tomatenpassata
10 schwarze, entsteinte Oliven
2 EL Tomatenpürée

Salz
40 ml Olivenöl
Frisch gemahlener Pfeffer
3 EL Weizenvollkornmehl
6 dl Mandelmilch
1 Knoblauchzehe
1 gestr. TL Salz
1 Prise Muskatnuss
Frisch gemahlener Pfeffer
16 Dinkel-Lasagneblätter
4-5 EL Mandelmus
Natives Olivenöl

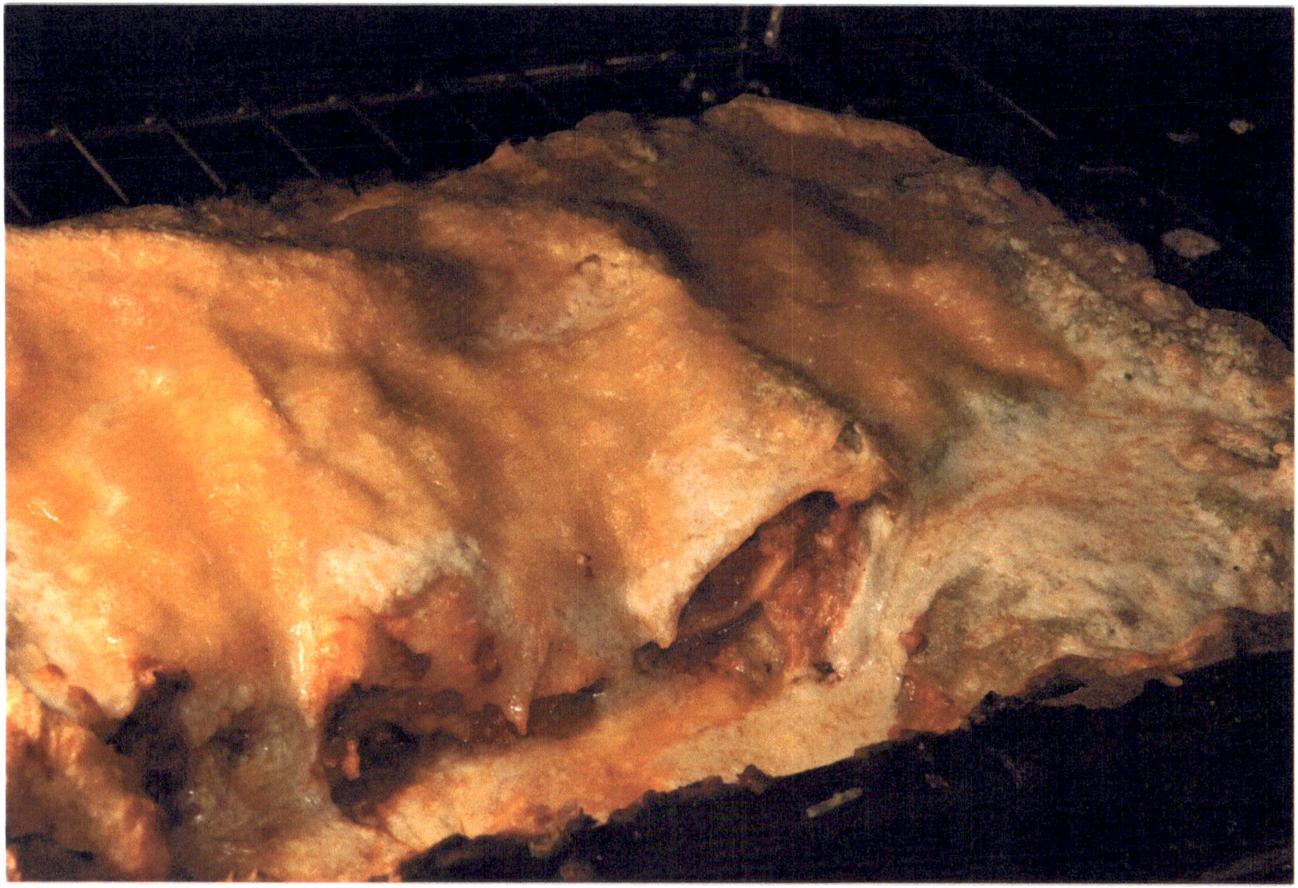

Backofen auf 200 Grad Ober- und Unterhitze vorheizen. Getrocknetes **Sojageschnetzeltes** in Wasser einweichen und 10 Minuten stehenlassen. Dann in ein Sieb abgiessen und ausdrücken. **Zwiebeln** schälen und fein hacken. **Knoblauch** schälen, entkeimen und fein hacken. In einem Topf das **Olivenöl** erhitzen und Zwiebeln und Knoblauch darin andünsten. Das Sojagehackte dazugeben und kurz mitdünsten. **Karotten** und **Sellerie** schälen und mit der Röstiraffel dazureiben. Kräuter waschen, fein hacken und dazugeben. **Lorbeerblatt** dazugeben. Mit **Rotwein** ablöschen und kurz köcheln lassen. **Tomatenpassata** dazuleeren und die Sauce ca. 45 Minuten auf kleinem Feuer köcheln lassen. **Oliven** fein hacken und dazugeben. **Tomatenpürée** untermischen und mit **Salz** und **Pfeffer** abschmecken.

Olivenöl in einem Pfännchen zusammen mit dem **Mehl**, unter ständigem Rühren mit einem Schwingbesen, erhitzen. **Milch** dazuleeren und unter Rühren aufkochen. Die Sauce bei kleiner Hitze köcheln, bis sie sämig ist. Knoblauch schälen und dazupressen. Würzen.

Gratinform mit Olivenöl bepinseln. 1/3 der Béchamelsauce in die Gratinform giessen und mit **Lasagneblätter** belegen. Nun eine Schicht Bolognese darauf verteilen und mit Lasagneblätter belegen. Noch eine Schicht Bolognese, dann Lasagneblätter, dann 1/3 Béchamel, dann Bolognese, dann Lasagneblätter. Nach der letzen Schicht Lasagneblätter den Rest der Béchamelsauce darauf verteilen. Mandelmus darüber geben und mit Olivenöl beträufeln. In der Ofen Mitte ca. 40 Minuten backen.

# Hörnli mit G'hacktem und Apfelmus

EIN SCHWEIZER KLASSIKER NEU INTERPRETIERT. DIESES REZEPT EIGNET SICH HERVORRAGEND FÜR DEN EINSTIEG IN DIE PFLANZLICHE ERNÄHRUNG. UND SELBSTVERSTÄNDLICH SCHMECKT ES AUCH ERPROBTEN VEGGIES.

4 Äpfel
150 ml Wasser
0.5 TL Zimt, gemahlen
1 Frühlingszwiebel
2 EL bratbares Olivenöl
1 Knoblauchzehe
360 g Sojahack, frisch
0.5 dl Rotwein
3 EL Tomatenpürée
1 TL milder Senf
1 EL Sojasauce
2 dl Haferrahm
Salz
Frisch gemahlener Pfeffer
Mildes Paprikapulver
400g Vollkornhörnli

**Äpfel** waschen, entkernen und vierteln. Die Apfelschnitze mit dem **Wasser** in einer kleinen Pfanne zugedeckt ca. 10 Minuten leicht köcheln lassen. Anschliessend fein pürieren und ggf. mit etwas Agavendicksaft süssen. **Zimt** unter rühren. Kühl stellen.

Während die Äpfel kochen, die **Frühlingszwiebeln** rüsten und fein hacken. In einer Bratpfanne das Olivenöl erhitzen und die Zwiebeln darin glasig dünsten. Den **Knoblauch** schälen, entkeimen, fein hacken und zu den Zwiebeln geben. **Sojahack** dazugeben und das Ganze leicht anbraten. Mit dem **Rotwein** ablöschen. **Tomatenpürée**, **Senf** und **Sojasauce** zum Gehackten geben. Das Ganze ca. 10 Minuten köcheln lassen. **Rahm** unterheben. **Petersilie** waschen, fein hacken und dazugeben. Mit **Salz**, **Pfeffer** und **Paprika** abschmecken.

Während das Gehackte einköchelt, **Hörnli** nach Packungsbeilage weich kochen, abschütten und mit etwas **Olivenöl** beträufeln. Hörnli mit Gehacktem und Apfelmus servieren.

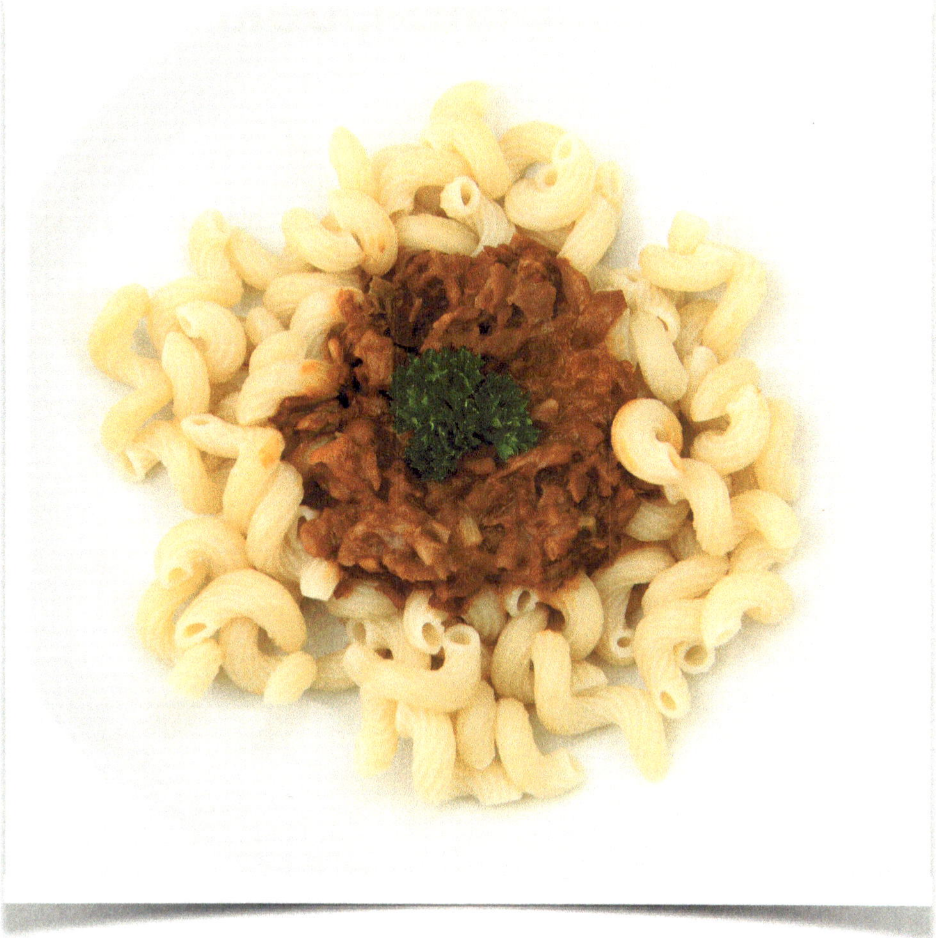

# Oat-Cranberry-Chocolate-Cookie

Esst soviel ihr mögt, denn diese Cookies sind nur aus guten Zutaten - toll nicht?

100 g dunkle Schokolade
100 g Kokosöl
1 Banane
1 TL Reinweinstein Backpulver
Vanille von einer Vanillestange
2 TL Zimt, gemahlen
75 g Dinkelvollkornmehl
120 g Haferflocken
1 EL Cranberries
0.5 TL Salz

Backofen auf 180 Grad Umluft vorheizen.
**Schokolade** in der Küchenmaschine klein hacken. Alle Zutaten dazugeben und zu einem krümeligen Teig verarbeiten.
2 Backbleche mit Backpapier belegen. Je ein kleiner Esslöffel Teig auf das Blech geben. Cookies ca. 20 Minuten backen.

Variante: Gehackte **Macadamiakerne** beigeben.

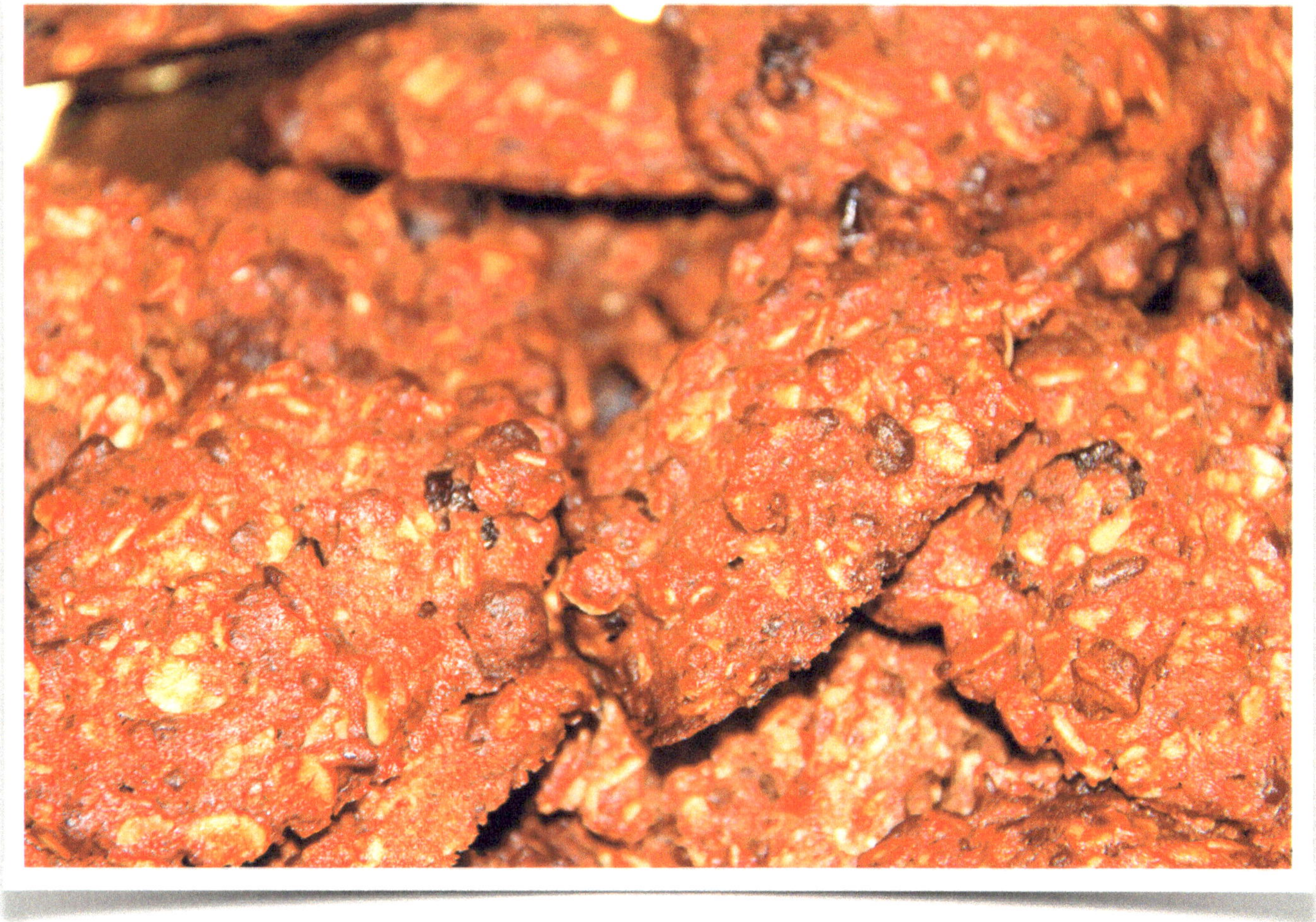

# Triple-Coconut-Cookies mit Quinoa und Avocado

Wer hätte gedacht, dass Avocado im Gebäck einfach himmlisch schmeckt? Probieren geht eben über Studieren. Resultat: wunderbare - aussen knusprig, innen weich - Cookies, selbstverständlich alles vollwertig.

120 g Kokosöl
2 EL Cashewkerne
50 g Quinoaflocken
1 Prise Salz
50 g dunkle Schokoladenwürfel
1 Avocado
2 EL Kokosblütenzucker
(alternativ 2 EL Agavendicksaft o.ä.)
50 g Kokosflakes
120 g Dinkelvollkornmehl
4 EL Wasser
2 EL Kokosraspeln

Ofen auf 180 Grad Umluft vorheizen.
**Kokosöl** und **Cashewkerne** in der Küchenmaschine fein pürieren. Alle anderen Zutaten bis auf die **Kokosraspeln** zu geben.
Ein Backblech mit Backpapier auslegen. Je ein Esslöffel Teig auf das Blech geben und die Cookies mit Kokosraspel bestreuen. Ca. 30 Minuten backen.

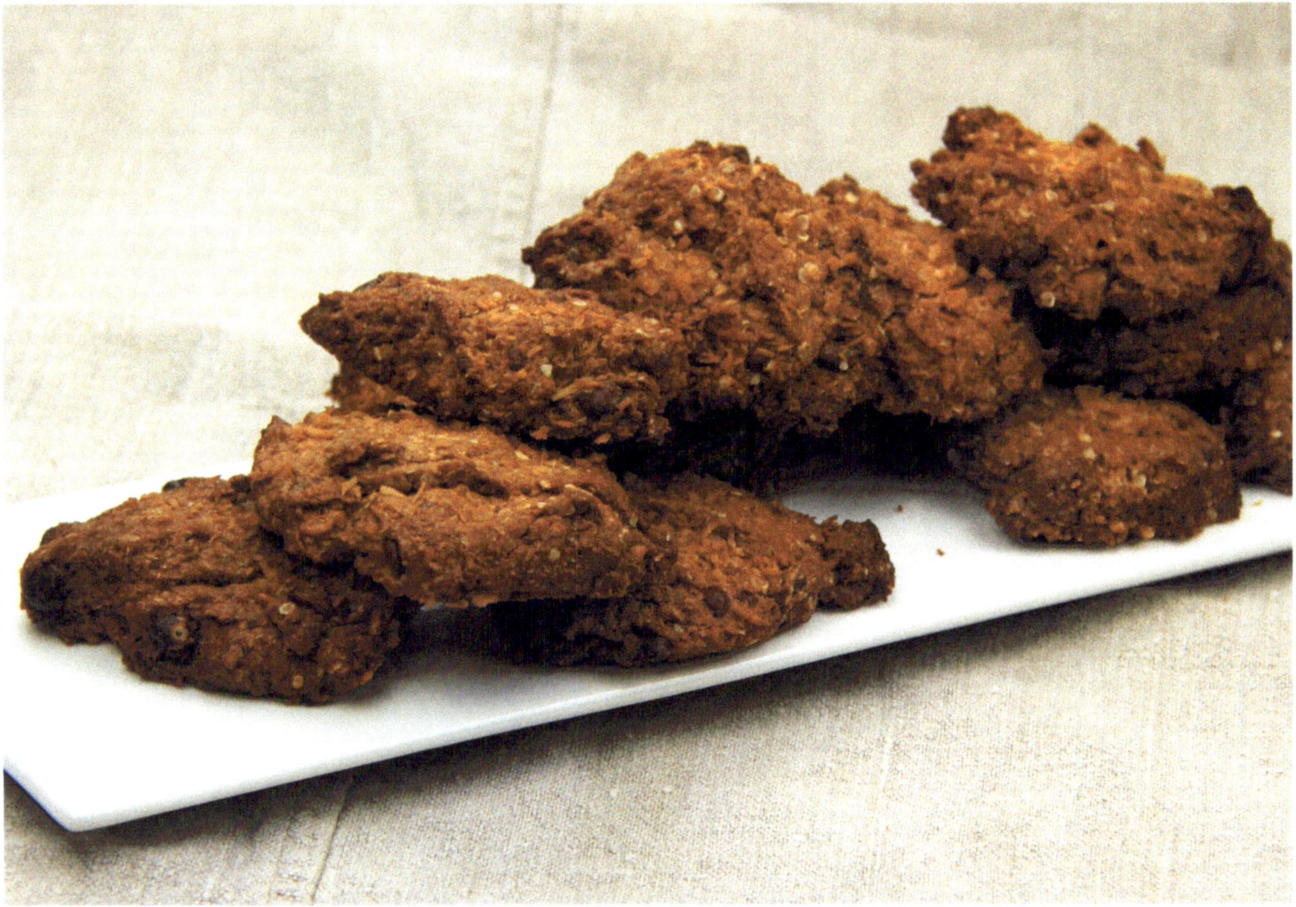

# Register

## Amaranth

| | |
|---|---|
| Fruchtiges Amaranth-Porridge | 58 |
| Karotten-Fenchel-Apfel-Suppe mit Amaranth | 117 |

## Apfel

| | |
|---|---|
| Apfel-Bananen-Muffins | 142 |
| Asiatische Buchweizennudeln | 134 |
| Hörnli mit G'hacktem und Apfelmus | 176 |
| Karotten-Fenchel-Apfel-Suppe mit Amaranth | 116 |
| Quinoasalat mit Karotten, Roten Beeten und Apfel | 26 |
| Super feuchte Apfel-Rosinen-Muffins | 60 |
| Süsskartoffel-Gnocchi mit Apfelschnitzen | 136 |

## Auberginen

| | |
|---|---|
| Gemüse Tempura | 80 |
| Ofen-Auberginen mit Kreuzkümmel | 74 |
| Ofen-Ratatouille | 92 |

## Avocado

| | |
|---|---|
| Frühlingsfrischer Coucous | 36 |
| Triple-Coconut-Cookies mit Quinoa und Avocado | 180 |

## Banane

| | |
|---|---|
| Apfel-Bananen-Muffins | 142 |
| Raw-Chocolate-Chip-Coconut-Muffins | 144 |
| Super feuchte Apfel-Rosinen-Muffins | 60 |

## Birnen

| | |
|---|---|
| Herbstragout mit Sellerie-Kokos-Püree | 132 |
| Kokosmilch-Pannacotta mit Zimtbirnen | 140 |
| Roter Quinoa mit gebratenen Birnen | 122 |

## Bohnen

| | |
|---|---|
| Bohnen-Sesam-Dip | 155 |
| Dreierlei-Bohnen-Reis-Auflauf | 124 |

  Super feuchte Apfel-Rosinen-Muffins    60
**Brokkoli**
  Grünes Limonen-Zitronengras-Curry    102
**Brot**
  Knusper-Kerne-Kokos-Knäckebrot    28
  Knuspriges Fladenbrot    76
**Bulgur**
  Zucchini Bulgur    82

# Chia
  Chia-Kokos-Pudding    56
**Chiccorée**
  Roher Federkohl mit allerlei Wurzelgemüse    162
**Couscous**
  Couscous mit Roten Beeten und Süsskartoffeln    120
  Frühlingsfrischer Coucous    36
  Kräuter-Couscous    168
  Orientalischer Sommergemüse Couscous    90

# Dinkel
  Dinkel mit jungem Kohlrabi    40
  Grün knackiger Dinkelsalat    72
**Dinkelgriess**
  Einzigartige Linsen-Nuggets    42

# Federkohl
  Kerniger Federkohlsalat    118
  Roher Federkohl mit allerlei Wurzelgemüse    162
**Fenchel**
  Fusilli mit Kichererbsen, Fenchel und Spinat    84
  Gedämpfter Ofenfenchel mit Tomate und Oliven    100
  Herrliche Sommer-Gemüsepfanne    98

| | |
|---|---:|
| Karotten-Fenchel-Apfel-Suppe mit Amaranth | 116 |

## Grünkern

| | |
|---|---:|
| Farbiger Grünkern mit Kürbiskernöl | 104 |

Grüne Bohnen

| | |
|---|---:|
| Gemüse Tempura | 80 |
| Herrliche Sommer-Gemüsepfanne | 98 |
| Rhabarber-Kichererbseneintopf mit Minze | 46 |

Grünkohl s.h. Federhohl

## Hirse

| | |
|---|---:|
| Farbenfrohe Hirseknusperli | 38 |

## Karotten

| | |
|---|---:|
| Ayurvedische Linsen-Wintergemüsesuppe | 150 |
| Cremiges Süsskartoffel-Curry mit Berglinsen | 170 |
| Das perfekte Wintercurry | 164 |
| Gemüse Tempura | 80 |
| Gemüseplätzchen mit Bohnen-Sesam-Dip | 154 |
| Herrliche Sommer-Gemüsepfanne | 98 |
| Karotten-Fenchel-Apfel-Suppe mit Amaranth | 116 |
| Lasagne | 172 |
| Orientalischer Karottensalat | 70 |
| Quinoasalat mit Karotten, Roten Beeten und Apfel | 26 |
| Roher Federkohl mit allerlei Wurzelgemüse | 162 |
| Spitzkohl-Linseneintopf mit Fladenbrot und Raita | 160 |
| Lasagne | 172 |

Kartoffeln

| | |
|---|---:|
| Das perfekte Wintercurry | 164 |
| Herbstragout mit Sellerie-Kokos-Püree | 132 |
| Herrliche Sommer-Gemüsepfanne | 98 |

| | |
|---|---:|
| Kartoffel-Champignons-Gratin | 138 |
| Kernig frisches Frühlingscurry | 44 |
| **Kernenmayonnaise** | 32 |
| **Kichererbsen** | |
| Kichererbsen-Mangold-Burger | 54 |
| Fusilli mit Kichererbsen, Fenchel und Spinat | 84 |
| Grünes Limonen-Zitronengras-Curry | 102 |
| Rhabarber-Kichererbseneintopf mit Minze | 46 |
| **Kirschen** | |
| Kirschen-Kokos-Muffins | 108 |
| **Knollensellerie** | |
| Grünes Limonen-Zitronengras-Curry | 102 |
| Herbstragout mit Sellerie-Kokos-Püree | 132 |
| **Kohlrabi** | |
| Dinkel mit jungem Kohlrabi | 40 |
| **Kürbis** | |
| Das perfekte Wintercurry | 164 |
| Kürbis-Quinoa-Suppe mit Kokosmilch | 114 |
| Spaghetti mit Ofenkürbis | 126 |
| **Lauch** | |
| Asiatische Buchweizennudeln mit Mangold | 134 |
| Ayurvedische Linsen-Wintergemüsesuppe | 150 |
| Dreierlei-Bohnen-Reis-Auflauf | 124 |
| Gemüseplätzchen mit Bohnen-Sesam-Dip | 156 |
| Grünes Limonen-Zitronengras-Curry | 102 |
| Herbstragout mit Sellerie-Kokos-Püree | 132 |
| Roter Quinoa mit gebratenen Birnen | 122 |
| Rustikale Pilz-Spaghetti mit Lauch | 128 |
| **Limetten-Joghurt** | 96 |

## Linsen
- Ayurvedische Linsen-Wintergemüsesuppe — 150
- Cremiges Süsskartoffel-Curry mit Berglinsen — 170
- Einzigartige Linsen-Nuggets — 42
- Gefüllte Paprika mit Reis, Linsen & Zucchini — 94
- Mandel-Kokos-Creme mit frischen Beeren — 106

## Mangold
- Asiatische Buchweizennudeln mit Mangold — 140
- Bärlauch-Risotto mit Pilzliragout — 58
- Eiskalte Mangoldsuppe — 72
- Kichererbsen-Mangold-Burger — 60

## Orange
- Orangen-Risotto mit gebackenen roten Beete — 130

## Paprika
- Bärlauch-Risotto mit Pilzliragout — 52
- Farbenfrohe Hirseknusperli — 38
- Farbenfrohe Penne mit Paprika und Sesam — 86
- Farbiger Grünkern mit Kürbiskernöl — 104
- Kernig frisches Frühlingscurry — 44
- Ofen-Ratatouille — 92
- Orientalischer Sommergemüse Couscous — 90

## Pasta
- Asiatische Buchweizennudeln mit Mangold — 134
- Farbenfrohe Penne mit Paprika und Sesam — 86
- Frühlingsspaghetti — 48
- Fusilli mit Kichererbsen, Fenchel und Spinat — 84
- Hörnli mit G'hacktem und Apfelmus — 176
- Rustikale Pilz-Spaghetti mit Lauch — 128
- Spaghetti mit Ofenkürbis — 126

| | |
|---|---:|
| Spaghetti mit Spinatpesto | 50 |
| **Petersilienwurzel** | |
| Das perfekte Wintercurry | 164 |
| **Pilze** | |
| Asiatische Buchweizennudeln mit Mangold | 134 |
| Bärlauch-Risotto mit Pilziragout | 52 |
| Farbenfrohe Hirseknusperli | 38 |
| Farbiger Grünkern mit Kürbiskernöl | 104 |
| Kartoffel-Champignons-Gratin | 138 |
| Rhabarber-Kichererbseneintopf mit Minze | 46 |
| Rustikale Pilz-Spaghetti mit Lauch | 128 |
| Tomaten-Champignons-Salat | 68 |
| **Quinoa** | |
| Asiatische Buchweizennudeln mit Mangold | 134 |
| Kürbis-Quinoa-Suppe mit Kokosmilch | 114 |
| Quinoasalat mit Karotten, Roten Beeten und Apfel | 26 |
| Roter Quinoa mit gebratenen Birnen | 122 |
| **Reis** (s.h. Vollreis) | |
| **Rettich** | |
| Roher Federkohl mit allerlei Wurzelgemüse | 162 |
| **Rhabarber** | |
| Rhabarber-Kichererbseneintopf mit Minze | 46 |
| **Risotto** | |
| Bärlauch-Risotto mit Pilziragout | 52 |
| Kräftiges Tomatenrisotto | 88 |
| Orangen-Risotto mit gebackenen Roten Beete | 130 |
| **Rote Beeten** | |
| Couscous mit gebackenen Roten Beeten und Süsskartoffeln | 120 |
| Gemüse Tempura | 80 |

| | |
|---|---:|
| Knusprige Rote Beeten-Schnitzel | 157 |
| Orangen-Risotto mit gebackenen roten Beete | 130 |
| Quinoasalat mit Karotten, Roten Beeten und Apfel | 26 |
| Rote Beeten Salat mit Haselnuss und Kräuter | 34 |

## Rübe

| | |
|---|---:|
| Das perfekte Wintercurry | 164 |
| Roher Federkohl mit allerlei Wurzelgemüse | 162 |

## Schokolade

| | |
|---|---:|
| Oat-Cranberry-Chocolate-Cookie | 178 |
| Raw-Chocolate-Chip-Coconut-Muffins | 144 |
| Triple-Coconut-Cookies mit Quinoa und Avocado | 180 |

## Sojageschnetzeltes

| | |
|---|---:|
| Hörnli mit G'hacktem und Apfelmus | 176 |
| Lasagne | 172 |

## Spinat

| | |
|---|---:|
| Fusilli mit Kichererbsen, Fenchel und Spinat | 84 |
| Rhabarber-Kichererbseneintopf mit Minze | 46 |
| Rohkost Pancakes mit Spinat | 30 |
| Spaghetti mit Spinatpesto | 50 |

## Spitzkohl

| | |
|---|---:|
| Pizza-Salat | 152 |
| Spitzkohl-Linseneintopf mit Fladenbrot und Raita | 160 |

## Stangensellerie

| | |
|---|---:|
| Ayurvedische Linsen-Wintergemüsesuppe | 150 |
| Herrliche Sommer-Gemüsepfanne | 98 |

## Süsskartoffel

| | |
|---|---:|
| Asiatische Buchweizennudeln mit Mangold | 134 |
| Couscous mit gebackenen Roten Beeten und Süsskartoffeln | 120 |
| Cremiges Süsskartoffel-Curry mit Berglinsen | 170 |
| Süsskartoffel-Gnocchi mit Apfelschnitzen | 136 |

## Tofu

| | |
|---|---:|
| Dinkel mit jungem Kohlrabi | 40 |
| Einzigartige Linsen-Nuggets | 42 |
| Gemüseplätzchen mit Bohnen-Sesam-Dip | 154 |
| Rohkost Pancakes mit Spinat | 30 |

## Tomaten

| | |
|---|---:|
| Gedämpfter Ofenfenchel mit Tomate und Oliven | 100 |
| Gefüllte Paprika mit Reis, Linsen & Zucchini | 94 |
| Herrliche Sommer-Gemüsepfanne | 98 |
| Rhabarber-Kichererbseneintopf mit Minze | 46 |
| Kräftiges Tomatenrisotto | 88 |
| Ofen-Ratatouille | 92 |
| Tomaten-Champignons-Salat | 69 |

## Topinambur

| | |
|---|---:|
| Das perfekte Wintercurry | 164 |
| Ofen-Topinambur | 166 |

## Vollreis

| | |
|---|---:|
| Bärlauch-Risotto mit Pilzliragout | 52 |
| Dreierlei-Bohnen-Reis-Auflauf | 124 |
| Gefüllte Paprika mit Reis, Linsen & Zucchini | 94 |
| Kräftiges Tomatenrisotto | 88 |
| Orangen-Risotto mit gebackenen Roten Beeten | 130 |

## Zucchini

| | |
|---|---:|
| Gefüllte Paprika mit Reis, Linsen & Zucchini | 94 |
| Gemüse Tempura | 80 |
| Grün knackiger Dinkelsalat | 72 |
| Knusprige Zucchini-Tätschli mit indischem Dip | 78 |
| Ofen-Ratatouille | 92 |
| Orientalischer Sommergemüse Couscous | 90 |

Zucchini Bulgur 82
Zuckerschoten
    Kernig frisches Frühlingscurry 44
    Rhabarber-Kichererbseneintopf mit Minze 45